KE NERAKA DENGAN KEBENA-RAN

MEHMET ALİ GÜNER

Published by MEHMET ALİ GÜNER, 2025.

KE NERAKA DENGAN KEBENA-RAN

First edition. March 17, 2025.

ISBN: 979-8227309099

Written by MEHMET ALİ GÜNER.

Mehmet Ali Guner

KE NERAKA DENGAN KEBENARAN

CERITA

TIGA SERANGKAI KEHIDUPAN;

Pada tahun 1960, dua tahun setelah dia lahir, perdana menteri negara itu dan dua menteri digantung. Saya tidak pernah ingin menjadi seorang anak, karena keadaannya. Tidak berlebihan untuk mengatakan bahwa saya tidak ingat bagaimana saya memulai dan menyelesaikan sekolah dasar pada tahun 1965.

Ketika saya datang ke tahun 1970-an, saya adalah seorang siswa di sekolah menengah. Saya menyaksikan kematian Mahir dan eksekusi Laut di Kızıldere dengan pikiran anak saya. Sesuatu sedang terjadi di negara ini dan saya menyadarinya. Selama tahun-tahun ini, saya mulai membaca cerita pendek dan novel, dan selama tahun-tahun ini saya mencapai majalah dengan konten politik.

Ketika saya mengetahui bahwa laut tidak bergerak, saya merasa seperti saya tumbuh. Biaya pertumbuhan ini selalu berat. Itu adalah pertama kalinya saya sendirian di hutan belantara.

Saya menghabiskan tahun-tahun saya di sekolah menengah dalam kelompok politik. Bertahun-tahun mimpi revolusi setiap malam dan kekecewaan di pagi hari setiap malam. Selama tahun-tahun inilah saya berpartisipasi dan mendukung unjuk rasa, perlawanan, dan boikot.

Sekolah saya setelah sekolah menengah, Institut Pendidikan Adana, adalah pada tahun 1976-79 dan batu-batu jalan yang mengarah ke kudeta tahun 80-an sudah mulai diletakkan. Saya adalah seorang mahasiswa di bidang Pendidikan pada tahun 1976-1977-1978-79. Itu adalah tahun-tahun yang sulit dalam segala hal. Pembantaian, pembunuhan, kematian... Bertahun-tahun irisan pahit dalam hidup saya. Penderitaan yang tidak jelas untuk apa dan untuk siapa. Bertahun-tahun ketika saya kehabisan darah karena mendonorkan darah setiap malam.

Pada tanggal 12 September 1980; Ribuan orang ditangkap, dipenjara dan diasingkan. Eksekusi, pembunuhan yang belum terpecahkan, dan kematian akibat penyiksaan dianggap normal.

Tahun-tahun ketika negara menumpahkan darah. Tahun-tahun ketika pelapor mendapat untung, ketika semua orang saling menjual.

Di tahun pertama saya sebagai guru, saya bertemu junta. Saya juga seorang guru ketika junta masih berkuasa. Saya berada dalam profesi yang paling menderita. Saya tahu berapa banyak guru yang diserang oleh junta pada tahun-tahun itu. Saya melihat orang-orang binasa di jalan.

Erzurum dan Van pada tahun 1980-an. Tahun-tahun buruk. Tahun 1990-an kembali dihabiskan untuk menyaksikan kejahatan yang belum terpecahkan dan praktik tidak manusiawi di penjara. Tahun-tahun ketika hampir semua orang adalah seorang nasionalis, seorang nasionalis. Tahun-tahun ketika kiri hampir berakhir. Bertahun-tahun ketika saya sekarat secara mental.

Kami sudah hidup bersama setelah tahun 2000-an. Ketika saya melihat apa yang terjadi, saya tidak bisa menahan diri untuk tidak berkata, "Saya berharap saya berjuang untuk hak asasi manusia daripada berjuang untuk revolusi."

Seperti yang saya lihat apa yang terjadi di negara saya hari ini;

Dan...

Tidak masalah siapa yang berkuasa sekarang. Karena masyarakat yang tinggal di negeri ini tidak lagi tertarik pada nilai-nilai seperti moralitas, menjadi individu, kebebasan, rasa hormat, empati, kesadaran, kebajikan, keadilan dan kesetaraan.

İndeks

Saya memanggil Anda orang-orang yang dihukum! Terlepas dari agama, kebangsaan Anda, apalagi berkelahi, kebencian, dendam, lemparkan senjata Anda dari tangan Anda. Bahkan Tuhan menyesali apa yang Dia ciptakan, kita telah lupa untuk mencintai, untuk dicintai, sebuah upaya yang tidak ada habisnya... Mengapa kita takut satu sama lain ketika kita bisa hidup sebagai saudara dan saudari di alam semesta?

–Jack London

Pendamaian Kasih

B

Mengunjungi tempat, benda, atau orang adalah pengalaman spiritual tersendiri. Tempat, objek, dan hubungan akan mengambil dimensi yang berbeda dari yang sebenarnya ketika dikunjungi. Itu adalah pengalaman dengan makna spiritual, intelektual, dan artistik yang juga membentuk kesadaran dirinya.

Salah satu tempat yang paling sering dikunjungi dia dan ayahnya adalah Gereja Bebegli. Dia suka mengunjungi tempat itu, terutama pada hari-hari suci. Tahun itu, seperti yang mereka lakukan di tahun-tahun sebelumnya, mereka mengenakan pakaian terbaik mereka pada Hari Natal dan pergi ke Gereja Bebekli sebagai seluruh keluarga. Ayahnya adalah seorang pria dengan keyakinan agama yang kuat dan membesarkan anak-anaknya dengan keyakinan yang sama.

Gereja Bebekli adalah salah satu kekayaan sejarah dan budaya Adana, yang terletak di lokasi yang mudah dijangkau di Distrik Tepebağ, di antara bangunan-bangunan sekitarnya. Itu disebut Gereja Bebekli karena menyerupai patung Perawan Maria di atap gereja. Ketika komunitas Armenia yang tinggal di Tepebağ penuh sesak, diamati bahwa gereja penuh pada hari-hari kebaktian. Agop kecil sering mengunjungi gereja bersama ayahnya.

Ayahnya secara teratur membuka tokonya pada pukul lima pagi setiap hari dan menutupnya pada pukul delapan malam. Ketika dia dan ayahnya menutup toko dan berangkat untuk pulang, mereka akan selalu mampir ke penjual sayur di jalan dan berbelanja; Ini adalah tugas penting yang tidak dapat diabaikan ... Ayahnya tidak mengizinkannya membawa buah-buahan yang mereka beli, dia tidak bisa menanggungnya; Dalam perjalanan, dia akan memberinya sebanyak yang dia bisa makan, dan setiap kali dia akan berkata, "Kamu telah makan yang seharusnya. Tidak ingin di rumah," dia biasa bercanda.

Setiap kali kata-kata ini jatuh dari bibir ayahnya, senyum nakal akan muncul di wajah bocah itu, dan dengan kedipan mata ayahnya, dia akan tertawa terbahak-bahak dengan gembira. Ritual ini diikuti oleh fakta bahwa setiap kali ayahnya akan berkata, "Aret mernim!"[1] Itu berakhir dengan anak itu menepuk kepalanya dengan kasih sayang yang tak terpadamkan.

Waktu akan kembali ke tempat itu dengan semangat yang sangat berbeda. Bangunan dan tempat juga dialami oleh zeitgeist. Pada saat itu, pasar besar didirikan di Adana pada hari-hari tertentu. Meskipun itu adalah pasar bagi sebagian orang dan pameran bagi yang lain, nama dan aspek umum setiap orang adalah kegembiraan, terburu-buru, dan keingintahuan dari kerumunan orang. Itu adalah suatu hari seperti itu lagi; Semua pembeli dan penjual di wilayah itu berada di kota. Karavan demi karavan, orang-orang yang datang berbondong-bondong berkerumun dan memeriahkan kota. Ia adalah hari kesebelas Nisan, hari Easter orang Armenia. Meskipun toko-toko ditutup pada hari Senin, orang-orang Armenia membuka toko mereka di bazaar dengan efek pasar. Selain itu, ada banyak pekerja migran di kota karena waktu jangkar dimulai di Çukurova. Juga, pertemuan tahunan para misionaris di wilayah itu bertepatan dengan periode itu. Bahkan, karena itu adalah pertemuan ulang tahun ke-50 tahun itu, hampir semua utusan injil di Anatolia berada di Adana. Meskipun sekilas kerumunan di kota tampak normal, fakta bahwa jalan-jalan tidak menjadi sepi seiring berjalannya waktu membuat orang merasa ada hal lain yang sedang terjadi; Selain itu, meskipun kerumunan begitu besar, para pemilik toko hampir memancing. Kerumunan mulai bergerak sekitar tengah hari. Tiba-tiba orang-orang yang asal-usulnya tidak dapat dipastikan menandai pintu beberapa toko dengan kapur, dan terlihat; Selain itu, terlihat bahwa beberapa dari mereka memiliki tongkat dan senapan di tangan mereka.

* * *

Mereka menutup toko lebih awal hari itu. Dia ingin bertanya mengapa, tetapi dia tidak bisa; Dia tidak datang ke toko hari ini. Dia hanya bisa merasakan bahwa ada sesuatu yang aneh tentang ayahnya, yang bercanda dari waktu ke waktu, tersenyum pada mereka yang datang dan pergi; Ini adalah pertama kalinya dia melihat ayahnya begitu tidak bisa berkata-kata. Selain itu, segera setelah mereka menutup toko, mereka langsung pergi ke rumah; Mereka belum pernah mengunjungi toko sayur atau toko lain. Jelas bahwa ada sesuatu yang terjadi, tetapi dia tidak tahu apa itu, dan itu mulai membuatnya takut. Ketika mereka sampai di rumah, dia memperhatikan bahwa keheningan serupa, bahkan kegelisahan, hadir dalam diri ibunya. Wanita itu, yang pada waktu normal tidak akan diam hampir sesaat, dan yang selalu memiliki melodi lagu daerah di lidahnya bahkan ketika dia berurusan dengan apa pun, tidak membuka mulutnya dengan pisau hari ini. Di lain waktu, begitu dia memasuki rumah, percakapan dan olok-olok orang tuanya yang biasa digantikan oleh keheningan yang mendalam dan perilaku reaktif. Selain itu, dia tidak diizinkan bermain dengan anak-anak di lingkungan sekitar di malam hari; Tidak ada satu suara anak pun di jalan. Gelombang kerusuhan menyebar ke seluruh rumah; Sesuatu sedang terjadi, pasti, tetapi anak itu tidak bisa memahaminya dengan pikirannya.

Keheningan yang gelisah itu terus naik sepanjang malam. Ibunya menyuruh mereka tidur lebih awal. Jadi dia dan saudara perempuannya pergi ke balkon karena tempat tidur mereka ada di sana, tetapi mereka tidak bisa tidur sampai larut malam.

Ketika mereka bangun di pagi hari, rumah itu kosong. Itu semua terjadi tiba-tiba; Rumah itu kosong. Tiba-tiba, dia sendirian dengan saudara perempuannya. Ada insiden di mana dia mendengar apa yang telah dikatakan di rumah selama berhari-hari. Pada saat itu, kata-kata ibunya, yang telah berulang kali dia tegur, terdengar di telinganya: "Jika sesuatu terjadi pada kita, segera keluar dari sini! Seberangi jembatan!"

Bertahun-tahun kemudian, dia akan menemukan rahasia peringatan ibunya: Pada tahun-tahun itu, dia berpikir bahwa sisi berlawanan dari jembatan batu itu aman, dan dia benar.

Ketika mereka terbangun di tengah malam karena suara yang pecah, mereka bersembunyi di tempat persembunyian balkon bersama saudara mereka ketakutan sampai pagi. Ketika mereka turun dengan langkah malu-malu di siang hari, mereka melihat bahwa dunia yang mereka kenal sampai hari itu, yang mereka pikir mereka berada, telah menghilang. Bagian dalam rumah berantakan. Dia tidak memiliki ibu atau ayah. Setelah semua tembakan dan semua kebisingan, dia telah memprediksi hasilnya. Kedua bersaudara itu berpegangan tangan dan meninggalkan rumah. Mereka tidak punya pilihan selain berlindung satu sama lain, dan mereka melakukannya. Sesuai dengan peringatan ibunya, mereka pergi menuju jembatan batu. Tidak ada tempat untuk berlindung, dan tidak ada cabang untuk dipegang di Adana. Sepanjang jalan, mereka memandang orang-orang di sekitar mereka dengan mata penuh ketakutan. Banyak yang telah terjadi, tetapi itu tidak seolah-olah sesuatu telah terjadi. Seolah-olah semua neraka telah pecah bagi suatu bangsa. Bahkan sebelum mereka sempat memikirkan berapa banyak yang bisa terjadi dalam satu malam, mereka meninggalkan rumah dan berjalan menuju jembatan batu. Ketika mereka mencapai jembatan batu, mereka lapar, tetapi pertama-tama mereka harus mencari tempat untuk bersembunyi.

Mereka menghabiskan malam di kaki jembatan, lapar dan haus. Dengan cahaya pertama di pagi hari, mereka menyeberangi jembatan batu dan mencapai tepi seberang. Ketika mereka melangkah ke tempat yang mereka lihat sebagai tempat berlindung yang aman, Salih Usta, yang mendengar tentang peristiwa malam itu, memperhatikan anak-anak saat mereka akan membuka bisnis mereka. Dia memanggil mereka kepadanya dan membawa mereka pulang tanpa memberi tahu siapa pun. Mereka mengumumkan perut mereka. Ketika dia menjelaskan situasinya kepada suaminya, Hatice Hanım bersikeras bahwa dia akan menerima seorang anak laki-laki, tetapi tidak seorang perempuan. Setelah itu, Salih Usta, yang sedang mencari cara untuk menemukan keluarga lain untuk gadis itu, menjadi sedikit lebih kejam terhadap gadis itu setiap kali dia pulang ke rumah dalam keadaan kosong.

Dua bersaudara dalam keputusasaan. Satu perempuan dan satu laki-laki. Yang satu diinginkan dan yang satu tidak diinginkan. Ketika mereka berkumpul, ketika mereka melakukan kontak mata, mereka membuat satu sama lain merasakan sakit dengan meneteskan air mata ke dalam hati mereka. Saat dia melihat saudara perempuannya, anak laki-laki itu tidak menyembunyikan air matanya, seolah-olah untuk mengungkapkan penderitaannya. Dia ingin saudaranya melihat rasa sakit yang dia alami. Ketika mereka sendirian, mereka terisak dan berjuang untuk tidak melakukan kontak mata.

Saat itu hari Minggu pagi, dan Guru Salih meninggalkan rumah lagi, mengatakan kepadanya bahwa dia akan menemukan sebuah keluarga. Semua orang merasa lega ketika dia pulang beberapa jam kemudian hari itu dan mengatakan kepadanya bahwa dia memang telah menemukan sebuah keluarga. Ketika dia pergi ke kamar tempat dia tidur dengan saudara perempuannya, anak itu memeluk saudara laki-lakinya dan menangis. Dia dengan hati-hati menjahit gambar ayah dan ibunya di atas bahu gaunnya. Dia juga memasukkan uang yang telah dia simpan di sakunya, tidak menyadari apa yang telah diberikan Salih Usta kepadanya. Mereka saling memandang untuk waktu yang lama; Mereka mengukir wajah mereka ke dalam hati mereka.

Dia berusia tujuh tahun dan saudara laki-lakinya berusia lima tahun. Mereka membawanya bersama Salih Usta untuk menyerahkan saudara perempuannya kepada keluarga barunya. Itu adalah hari hujan, kilat berkedip seolah-olah semua neraka akan lepas. Tidak ada yang berbicara sepatah kata pun selama serah terima. Semuanya dilakukan dengan penampilan, alis, dan tanda-tanda mata. Seolah-olah keluarga yang menerima saudaranya tidak memiliki bahasa, dan jika mereka memilikinya, mereka akan berbicara beberapa patah kata, pikirnya. Dia basah kuyup saat dia meninggalkan saudaranya dengan keluarga yang belum pernah dia temui. Dia sering memandang Guru Salih, seolah-olah meminta bantuan. Anak itu telah meninggalkan separuh hatinya pada saudaranya, dan dengan separuh lainnya dia telah berlindung dalam hati nurani Salih Usta. Sebelum setiap tindakan dan setiap kata, dia menatap mata Salih Usta, seolah memohon padanya untuk tidak marah.

Dia tidak bisa tidur selama berhari-hari. Ketika dia tidak bisa tidur, dia bertarung dengan perasaannya sendiri. Dia menghitung menjahit seorang restoran yang dia temukan di kamar untuk malam hari untuk membuat dirinya sibuk. Apa lagi yang bisa dia lakukan? Dia mengelilingi pertanyaan ini untuk waktu yang lama ... Sekarang itu adalah pola keterikatan pada tempat selain dunia baginya. Kecepatan dunia yang tidak bisa dia masuki tidak cukup baginya untuk berlari di antara pikiran dan hatinya.

Hari demi hari, mereka terbiasa satu sama lain dan menerima kenyataan yang mengerikan itu. Jauh dari terbiasa, kerinduan kakaknya menjadi tak tertahankan dari hari ke hari. Dia hanya memiliki satu saudara kandung dalam mimpi yang dia alami setiap malam. Dalam setiap mimpi, saudaranya memohon: "Jangan tinggalkan aku!" Sebelum tertidur, dia berseru kepada Tuhan: "Tuhan, tolong jangan biarkan saudaraku masuk ke dalam mimpiku malam ini!" Namun Tuhan tampaknya tidak mendengarnya; Meskipun mimpinya berubah menjadi mimpi buruk, tidak ada yang bisa dia lakukan. "Saya harus membiasakan diri bersama saudara laki-laki saya setiap malam, bahkan jika itu mimpi," pikirnya.

Salih Usta juga diam-diam senang karena dia telah meredakan kerinduan akan seorang anak yang telah menghanguskan hatinya selama bertahun-tahun. "Berkat dari Tuhan," pikirnya selama berhari-hari. Dia bersukacita saat dia merasakan darahnya hangat. Itu adalah perasaan yang dia rindukan, bahkan jika dia tidak menunjukkan bahwa dia senang melihat bocah itu meringkuk padanya dari waktu ke waktu, untuk mengikutinya. Mereka tidak banyak bicara, meskipun mereka telah tinggal bersama selama berhari-hari; Dia bahkan tidak menanyakan nama anak laki-laki itu. Ketika dia menyadari hal ini, dia merasa tidak enak; Perasaan itu begitu tergila-gila dengan pria itu, dan bahkan pikirannya selalu mengalir ke hati nuraninya.

Sudah waktunya makan malam. Salih Usta membawa anak itu di depannya; Dia bertanya, dia bertanya, dia bertanya ...

Guru Salih berkata, "Siapa namamu?" Ketakutan, bocah itu menelan ludah. "Saya tidak punya nama," katanya. "Itu akan baik-baik saja! Bukankah seorang anak berusia tujuh tahun memiliki nama?" dan anak laki-laki itu berkata, "Saya tahu, tetapi saya takut."

Guru Salih mengerti; Dia tidak bersikeras. Tanpa menunjukkan bahwa dia kesal dengan apa yang telah terjadi selama berhari-hari, dia berkata, "Sekarang katakan padaku, siapa namamu?" "Arto," kata anak laki-laki itu. "Nama yang bagus. Saya memiliki banyak teman yang bernama Garo dan Arto. Sekarang mereka tidak ada lagi. Mereka memiliki beberapa anak seperti Anda yang tersisa dalam perawatan kami. Saya harap Anda mengerti saya, Garo," kata Guru Salih. "Aku mengerti," kata bocah itu.

"Tidak ada yang perlu ditakuti. Mulai sekarang, kita akan hidup bersama seperti ayah dan anak ... Mulai sekarang, kita akan menjadi takdir satu sama lain. Kamu masih terlalu muda, kamu tidak bisa mengerti, *kita* tidak bisa hidup dengan nama Garo, anakku. Percayalah, itu tidak masalah bagiku, tapi mereka tidak akan membiyangkannya. Kami berdua gelisah. Anda harus membuat nama baru terlebih dahulu. Ini sangat penting bagi kami berdua. Ketika kamu dewasa, kamu akan mengerti dan setuju denganku."

Selama keheningan yang lama, dia berkata, "Jika saya mengatakan tidak, apakah mereka akan membuang saya ke jalan? Apakah aku akan binasa seperti saudaraku?" pikirnya. Kemudian, dengan ledakan tiba-tiba, dia berkata, "Tidak mungkin." "Aku mengerti kamu, tapi kita berdua bisa berada dalam situasi yang sulit karena ini. Ada beberapa bahaya yang mungkin tidak Anda pahami saat ini, tetapi yang saya rasakan di tulang saya. Bahkan jika saya memberi tahu Anda, Anda mungkin tidak ingin memahami saya. Kemarin dan hari ini adalah waktu yang berbeda; Waktu memisahkan masa lalu dan masa depan seperti rantai yang hancur. Keluarga Anda sekarang adalah kami. Oleh karena itu, kami harus melindungi Anda dan diri kami sendiri. Jangan lupa nama Anda, tetapi mulai sekarang kami akan memanggil Anda Hussein. Maukah engkau, Nak, apa yang engkau katakan?" kata Guru Salih. Anak laki-laki itu dengan putus asa setuju: "Kamu benar, Tuan Benar!"

Untuk pertama kalinya dalam beberapa hari, anak itu tidur nyenyak. Untuk pertama kalinya, dia tidak mempertanyakan apa pun di dalam hatinya. Untuk pertama kalinya, saudaranya tidak memasuki mimpinya. Pagi itu dia terbangun dari tidur lain: tanpa celaan atau pemberontakan.

Ketika dia meninggalkan rumah tempat dia dilahirkan dan dibesarkan, dia mengambil dua foto keluarga bersamanya; Dia memberikan satu kepada saudara perempuannya dan mengambilnya sendiri. Malam itu, ketika namanya diubah menjadi Hüseyin setelah percakapannya dengan Salih Usta, dia menggantung foto keluarganya di dinding kamar tempat dia tidur dengan izin Salih Usta; Dia membuat kebiasaan mencium foto keluarganya setiap malam setelah malam itu. Suatu hari, ketika dia melihat bagian belakang foto, dia melihat ada sesuatu yang tertulis. Dia tidak bisa membaca tulisannya, tulisannya ditulis dalam bahasa yang miliknya sendiri tetapi asing baginya. Dia memberi tahu Salih Usta tentang teks di bagian belakang foto, dia harus meminta seseorang membacanya, tetapi sayangnya, Salih Usta tidak memiliki kenalan yang bisa membaca artikel ini. Selama bertahun-tahun, dia menggerogoti otaknya, tulisan di bagian belakang foto, dan bertahun-tahun kemudian, ketika dia pergi ke Gereja Bebekli, dia menunjukkannya kepada seorang Armenia yang dia temui. Orang yang membaca artikel itu berkata, "Dikatakan, 'Beberapa kasih itu seperti doa.'" Kemudian dia berkata, "Siapa gambar ini, Nak? Ini bukan gambar dari waktu yang jauh. Sepertinya saya mengenal mereka dari suatu tempat, tetapi ada tangkapan. Aku sudah tua, maaf, Nak!" kata pria itu.

"Keluargaku. Ini adalah keluarga saya yang tiba-tiba menghilang suatu malam. Saat saya mengingat apa yang terjadi malam itu, sukacita hidup saya menghilang. Dan semakin saya mencoba melupakan, semakin saya menderita," kata bocah itu.

Pria itu berkata, "Aku mengerti kamu, Nak. Jangan datang ke sini lagi. Dan jika Anda datang, datang dan pergi dengan tenang. Maukah kamu?" bocah itu merasakan bibirnya bergetar.

"Oke," kata bocah itu, tanpa melakukan kontak mata. Dan Virgo pergi tanpa mengatakan apa-apa. Namun, tidak ada yang perlu dikatakan. Pada saat itulah dia merasakan untuk pertama kalinya apa itu ketakutan. Saat dia pergi, dia sering melihat ke belakang ...

"Apa *artinya bahwa cinta itu seperti doa*?" gumamnya di sepanjang jalan. "Saya tahu bahwa cinta seorang ibu adalah doa. Tapi apakah ada hal lain yang harus diceritakan?" pikirnya, mengingat malam itu dan pergi ke rumah tempat dia dilahirkan. Rumah bobrok itu telah diperbaiki dan dimiliki oleh seseorang. Dia menonton dari jauh untuk waktu yang lama, diam-diam dan tenang. Meskipun waktu yang lama telah berlalu, rasa sakitnya belum mereda dan dia tidak melupakan detail apa pun. Ketika dia ingat bahwa dia telah menangis setiap malam selama bertahun-tahun, berpura-pura lupa, dia pergi seolah-olah ingin melarikan diri.

Dalam perjalanan pulang hari itu, dia bertanya-tanya apa yang dimaksud ibunya dengan kalimat ini, dan apakah ada tulisan di belakang foto saudara laki-lakinya. Semakin dia memikirkannya, semakin tak tertahankan kerinduannya pada saudaranya. Saat dia menyeberangi jembatan batu, dia memikirkan malam itu, matanya berlinang air mata, dia mengalihkan pandangannya dari orang yang lewat dan menangis. Dia melambat saat dia menyeberangi jembatan, dan saat dia melambat, lututnya hampir tertekuk. Seringkali dia membungkuk untuk melihat kaki jembatan, seolah-olah dia akan melihat saudaranya. Bahkan dalam keadaan termenung dan bijaksana, dia mempercepat, berpikir bahwa mereka akan marah jika dia terlambat pulang. Ketika dia pulang dan melihat bahwa meja makan sedang menunggunya, dia sedih sekaligus senang dengan nilai yang diberikan kepadanya.

* * *

Beberapa minggu kemudian, dia pergi ke rumah tempat mereka meninggalkan saudara perempuannya, tetapi itu kosong. Pintu rumah terbuka. Sekilas, itu tampak seperti rumah yang ditinggalkan. Dia melihat sekeliling kamar dan panik. Dia duduk di ambang pintu sebentar. Dia bertanya kepada tetangga dan beberapa orang di jalan, tetapi tidak mendapat jawaban. Dia mencoba kesempatan terakhirnya di kompor. Setelah bertukar salam singkat, dia berpikir lama tentang dari mana harus memulai. Saat teh sedang diminum, dia bertanya kepada kompor, "Ke mana orang-orang yang tinggal di rumah di seberang jalan pergi dengan membiarkan pintu terbuka?"

"Orang-orang yang tinggal di rumah itu adalah orang Armenia. Entah bagaimana, mereka menghilang dalam semalam. Mereka bahkan tidak menutup pintu mereka, pintunya terbuka lebar.

"Bagaimana mungkin mereka menjadi orang Armenia? Saya pergi ke mereka sebelumnya, mereka tidak mengatakan kami orang Armenia. Saya pikir mereka memiliki seorang gadis bersama mereka."

"Iya. Pada awalnya, mereka membawa seorang gadis bersama mereka. Dia tidak banyak keluar, tetapi kami akan melihatnya sesekali. Kemudian, kami tidak melihat banyak dari itu. Pintunya telah dibuka selama beberapa hari. Mereka membawa gadis itu bersama mereka atau meninggalkannya dengan seseorang. Jika mereka pergi, mereka akan membawa barang-barang mereka atau menutup pintu. Saya tidak tahu, muda. Ada yang salah dengan itu, tapi saya tidak bisa mengetahuinya."

Berduka atas kehilangan saudaranya, dia buru-buru pergi ke Guru Salih. Dia menceritakan apa yang terjadi dalam kesakitan. Guru Salih tidak bisa memahami apa yang telah terjadi dan sangat kesal.

"Ayo pergi dan lihat bersama. Mari kita tanyakan dan selidiki, mungkin kita akan menemukan sesuatu," kata Salih Usta.

Mereka berangkat bersama. Ketika mereka pulang, semuanya seperti yang dijelaskan Hussein. Mereka bertanya kepada orang-orang bersama-sama; Orang-orang buta, tuli dan bisu. Mereka pulang dengan putus asa.

Ketika malam tiba dan dia pergi tidur, dia berusaha keras untuk tidur, tetapi dia tidak bisa; Setiap kali dia memejamkan mata, dia teringat pada saudara perempuannya dan kemudian orang tuanya di masa lalu, seolah-olah dia telah meninggalkan mereka seribu tahun yang lalu, dan kemudian kenangan yang tidak bisa lagi dia bedakan apakah itu imajiner atau nyata. Itu tidak berbelok ke kanan, tidak berbelok ke kiri; Dia berjuang dengan dirinya sendiri sampai panggilan pagi untuk berdoa. Ketika dia melihat Salih Usta bangun untuk shalat subuh, dia juga bangun. Setelah shalat, mereka saling memandang, tetapi untuk beberapa waktu mereka tidak dapat berbicara. Pada satu titik, Guru Salih berkata, "Saya seharusnya tidak mengambil gadis itu. Ini salahku, Nak! Anda tidak memiliki dosa dalam hal ini. Tidak ada yang bisa disalahkan. Jika saya mengatakan takdir, itu saja, tetapi saya berjanji kepada Anda, saya akan menemukannya."

Begitu fajar menyingsing, dia kembali ke rumah itu. Dia masuk ke dalam rumah dan duduk sebentar. Dia mengobrak-abrik ke kiri dan ke kanan, berharap menemukan sesuatu. Faktanya, dia tahu apa yang dia cari: foto keluarga yang dia jahit di gaun kakaknya, tetapi dia tidak dapat menemukannya. Bagian dalamnya menyempit pada awalnya, lalu dia merasa kosong; Dia tidak tahan, dia meninggalkan rumah. Dia bertanya kepada semua orang yang dia lihat di jalan apa yang terjadi pada orang-orang yang tinggal di rumah itu, tetapi dia tidak bisa mendapatkan sepatah kata pun dari orang yang lewat; Seolah-olah bibir semua orang tertutup. Kemudian seorang anak laki-laki seusianya, yang telah mengawasinya dengan tenang di sudut jalan, mendekatinya dengan takut-takut. "Sudah berapa hari kamu datang dan pergi ke rumah ini? Aku selalu mengikutimu selama berhari-hari. Apakah Anda orang Armenia?" Anak laki-laki itu berkata dengan nada tegas, "Tidak."

"Apakah kamu tahu orang-orang yang tinggal di rumah ini?"

"Iya."

"Mereka pergi dari sini suatu malam karena mereka orang Armenia. Saya biasa melewati rumah ini setiap pagi. Saat kami lewat pagi itu, pintu rumah terbuka dan tidak ada orang di sana. Itu berarti mereka pergi pada malam hari. Paman Agit adalah orang yang baik, tetapi dia khawatir tentang peristiwa beberapa hari terakhir. Itu sebabnya dia meninggalkan tempat-tempat ini.

"Paman Agit tidak punya kenalan atau teman?" kata Hussein.

"Sejauh yang saya tahu, tidak ada. Belum lama sejak kami pindah ke sini. Dia selalu berkata, 'Saya dari pedesaan Adana'. Semua orang tahu namanya sebagai Cemo."

"Dan bagaimana Anda tahu bahwa nama pria itu adalah Agit, bahwa dia orang Armenia?" katanya untuk mempertebalkan percakapan.

"Dia adalah teman lama ayah saya. Ayah saya bukan orang Armenia, tetapi dia merawat Paman Agit. Dia telah menyelamatkannya dari kematian. Kami tinggal di rumah kami cukup lama sebelum menetap di rumah ini. Mereka tidak memiliki anak. Dia adalah orang yang sangat baik. Mereka seperti saudara bagi ayah saya. Ketika ayah saya meninggal, dia mundur ke dalam cangkangnya. Dia menetap di rumah ini. Saya selalu bolak-balik kepada mereka, tetapi seiring waktu, ketika semua orang menyerah pada ketakutan mereka, hubungan kami mendingin. Kemudian suatu hari saya melihat seorang gadis bermain di depan pintu, pergi ke kompor dari waktu ke waktu. Kemudian, kami juga tidak melihatnya. Tidak ada yang tahu bahwa dia orang Armenia kecuali saya. Itu tetap seperti misteri bagi saya. Sekarang dia pergi, tidak ada gunanya rahasianya, saudara."

Dia pergi dengan tenang tanpa mengatakan apa-apa. Dia memukul batu-batu di tanah sebagai pemberontakan. Debu yang dilemparkan secara acak. Dia sangat marah sehingga dia tidak bisa menahan rasa sakit di hatinya, meskipun batu yang dia pukul secara acak dan keras melukai kakinya.

Dia berjalan cepat menuju Taşköprü. Malam itu dia pergi ke tempat persembunyian mereka. Dia mengambil posisi di mana dia dan saudaranya duduk. Saat dia menangis, dia merasakan air naik. Ketika dia menyadari bahwa air naik, dia sadar dengan suara hujan. Dia basah, tetapi dia berkata pada dirinya sendiri, "Biarlah." Ketika dia melihat air, dia ingat saudaranya, ketika dia mengingat saudaranya, dia menangis, dan ketika dia menangis, air matanya mengiringi aliran sungai. Dia tertidur dalam kelelahan. Ketika dia bangun, dia bosan berpikir bahwa dia terlambat ke rumah, dan dia dengan cepat berjalan pulang, mengabaikan hujan.

Hussein melacaknya selama berhari-hari, tetapi tidak berhasil. Dia tidak bisa menemukan satu jejak pun darinya. Lama kemudian, dalam perjalanan menuruni jembatan, dia bertemu dengan seorang kenalan lama. Ketika dia melihat Rahim Effendi, dia tersenyum sedikit dan mereka saling menyapa. "Haruskah kita minum secangkir teh di kedai teh itu?" katanya. "Ya, Nak," kata Rahim Effendi.

Sebenarnya, dia mengenal Rahim Effendi, tetapi Rahim Effendi tidak mengenalinya, dia tidak memberikan kenalan apa pun. Mereka duduk bersama di kedai teh. "Dua teh," kata Rahim Effendi dengan suaranya yang menggelegar. Hussein keberatan. Sambil tersenyum, dia berkata, "Kamu memesan tehnya, dan aku akan membayarnya." Dia berkata, "Jangan lakukan itu, Nak, mari kita negosiasikan uang teh sekarang." Dia berkata, "Oke, biarlah," dan mereka setuju.

Ketika teh tiba, mereka mulai mengobrol. Rahim Effendi tahu banyak, tetapi dia hampir tidak memiliki bahasa untuk menceritakannya. Dia mengerti Rahim Effendi. Dia menelan, kesal; Dia menggigit bibirnya karena marah, tapi dia tidak bisa diam lagi. Rahim Effendi pasti mengatakan sesuatu. Saat kami minum teh lagi, Rahim Efendi berkata, "Saya kenal Agit Efendi. Dia adalah teman tetangga saya. Dia adalah orang terkaya di Tepebagh. Mereka yang terdampar, mereka yang lapar, mereka yang mencari teman selalu mengetuk pintunya. Dia pindah ke seberang Jembatan Batu, tahu apa yang akan terjadi sebelum malam yang menentukan itu. Dia pergi ke sisi lain karena dia takut mati. Dia memutuskan hubungannya dengan rakyatnya sendiri. Dia tidak pernah mengunjungi Tepebağ. Saya tahu bahwa dia membantu Gereja Bebekli. Semua orang tahu itu. Kami tidak melihatnya untuk waktu yang lama. Kemudian suatu hari dia datang ke rumah kami. "Ramble, aku akan keluar dari sini. Wanita itu setuju; Ke Aleppo atau ke Istanbul.' Kemudian suatu malam kami bertemu di tempat yang sepi. Dia mengatakan dia akan meninggalkan Adana keesokan harinya. Dia meminta bantuan saya. Dan saya membantunya keluar dari sini."

"Dan apakah ada orang bersamanya?"

Istrinya dan dirinya sendiri."

"Dan apa yang terjadi dengan gadis di sebelahmu?"

"Saya tidak tahu. Aku akan memberitahumu jika aku tahu, Nak! Selain itu, bagaimana kamu tahu tentang gadis itu?"

Hussein tidak menjawab. Dia tidak bisa mengatakan apa yang ingin dia katakan. Dia diam-diam bangkit dan berjalan pergi. Ketika dia lupa membayar teh saat dia pergi, penjual teh berteriak mengejarnya. Dia meminta maaf dan kembali dan membayar tagihan.

Saat dia berjalan, dia memikirkan saudara perempuannya sekali lagi. Karena Agit Efendi hanya memiliki istrinya, sudah pasti saudara perempuannya tidak meninggalkan Adana. Dia mengubah arahnya dan pergi ke rumah Ağit Effendi. Rumah itu sudah dijarah dan berubah menjadi reruntuhan. Tidak ada jejak dirinya yang dulu. Dia duduk di bangku di depan rumah dan menangis. Air mata mengalir, emosi mengalir ke dalam hatinya. Dia perlahan-lahan kehilangan harapan ...

Pada saat dia sampai di rumah, matahari sudah terbenam. Dia basah kuyup dalam hujan April. Ibunya marah padanya pada jam ini dan pulang dalam keadaan ini. Meminta maaf, dia duduk di sofa dengan rasa bersalah; Dia terdiam di sana selama beberapa menit. Ketika dia pergi tidur tanpa makan, Guru Salih marah dan memanggilnya kepadanya. Dia menceritakan peristiwa hari itu satu per satu. Melihat bahwa dia sangat sedih, Guru Salih tidak melangkah lebih jauh. Setelah beberapa saat, Hussein mengucapkan selamat malam dan pergi ke kamarnya.

Untuk pertama kalinya dalam bertahun-tahun, dia mulai memperhitungkan dirinya sendiri. Dia menggambarkan dirinya sebagai "anonim dan sunyi". Perasaan itu melintas di benaknya. Dia merasa kasihan pada Salih Usta dan berpikir bahwa dia telah melakukan ketidakadilan. Dia agak lega karena merasa berterima kasih kepada orang yang berbagi rumah dengannya dan memakan makanannya. Dari waktu ke waktu, dia akan berantakan, berpikir bahwa Guru Salih juga semakin tua dan jika sesuatu terjadi padanya, dia akan ditinggalkan di tengah lagi. Dia ingat hari pertama dia datang ke rumah ini; Dia memikirkan rasa takutnya, tangisannya sampai pagi, dan saudara perempuannya ... Hatinya sakit saat dia berpikir bahwa dia tidak bisa menjaga kepercayaan ibunya.

* * *

Salih Usta, yang bisnisnya terganggu, mengalami kesulitan. Dia tidak dapat bekerja karena masalah kesehatan. Dia ingin mempercayakan tempat kerjanya kepada Hussein. Meskipun Hüseyin tidak menerimanya pada awalnya, dia tidak tahan lagi dalam menghadapi desakan Salih Usta dan menerimanya. Dia sekarang mengelola tempat kerja, dan Salih Usta sedang beristirahat di rumah. Semuanya baik-baik saja. Hari-hari buruk telah berakhir. Dia selalu berdoa kepada Guru Salih.

Salih Usta memperkenalkannya pada lingkungan sebagai keponakannya dan membesarkannya sebagai seorang Muslim Turki. Garo, di sisi lain, tidak pernah lupa bahwa dia adalah seorang yatim piatu Armenia. Dia biasa diam-diam pergi ke gereja di Tepebagh untuk menelepon saudara perempuannya dan berdoa. Di sisi lain, dia pergi ke masjid untuk membuktikan bahwa dia adalah seorang Muslim. Dia tidak ingin pergi ke sekolah. Namun, Salih Usta juga tidak menginginkannya. "Lagipula kita punya bak roti," pikirnya. Dan itu benar.

Dia memikirkan waktu yang telah berlalu ... Sudah sebelas tahun. "Sepertinya baru kemarin," pikirnya. Dia datang ke rumah ini pada usia tujuh tahun, dan dia telah mencapai usia delapan belas tahun. Dia telah memperluas bisnisnya dan telah menjadi pedagang yang cukup besar di daerah sekitarnya. Hussein, yang dihormati oleh semua orang, dikenal dan diterima sebagai orang yang baik hati. Dia berkonsultasi dengan Salih Usta tentang semua yang dia lakukan dan memberikan informasi setiap malam. Setiap malam, ketika dia mencoba menyerahkan penghasilannya kepada Salih Usta, Salih Usta keberatan; Setelah uang disisihkan untuk rumah sebanyak yang dibutuhkan, dia akan membiarkan sisanya dikapitalisasi. Ketika dia memanggil "Garo", yang dia panggil "Hussein" selama bertahun-tahun, "Anakku" untuk pertama kalinya, dia bahagia sekaligus sedih.

* * *

Suatu hari, atas desakan teman-temannya, dia pergi ke paviliun untuk pertama kalinya. Dia sekarang berusia dua puluhan. Begitu dia masuk, dia menunjuk ke wanita pertama yang dia incar. Dia naik ke kamar dan menunggu. Dia menunggu lama, dan saat dia menunggu, dia bosan dan menyempit. Akhirnya dia tersentak saat pintu terbuka tajam, dan kegelisahannya semakin meningkat. Mereka mengobrol lama karena dia malu ...

Ketika mereka berhadapan, mereka berdua merasakan sesuatu yang aneh. Ketika percakapan mereka berlangsung lama, Hussein meminta izin untuk pergi. "Mengapa?" tanyanya. "Tidak ada jawaban, tetapi perasaan aneh telah muncul di hatiku. Sebaiknya aku pergi." Saat dia pergi, dia meninggalkan semua uang di sakunya di atas meja tanpa menghitung atau ragu-ragu, seolah melarikan diri.

Seiring waktu, dia pergi ke sana lebih sering. Dia menjadi semakin terikat padanya. Pasti ada gunanya begitu terikat dengan seorang wanita yang bekerja di paviliun. Ketika dia berpikir seperti itu, dia malu menjadi manusia. Dia juga manusia, dan jelas bahwa ada alasan sosial/historis baginya untuk jatuh ke dalam situasi ini, dan bahwa dia tidak memilih kehidupan ini atas kehendak bebasnya sendiri. Mereka berbicara untuk waktu yang lama ... Situasi ini berlangsung selama berbulan-bulan. Dia hampir melihatnya setiap hari. Ketika dia tidak pergi kepadanya, dia merasa seperti dia belum memenuhi tugas.

"Maukah kau menikah denganku?" katanya padanya.

"Keluargamu tidak akan menerimaku, bahkan jika aku menerimanya ... Jangan main-main dengan pesanan saya yang sudah mapan!"

"Pikirkan lagi," kata Hussein, dan mereka pergi.

Salih Usta mulai khawatir tentang Hüseyin yang mulai pulang terlambat baru-baru ini. Berapa kali dia mencoba bertanya, tetapi dia menyerah karena dia salah. Suatu malam, orang-orang di rumah, yang penasaran karena dia terlambat lagi, menghela nafas lega ketika Hussein masuk. Guru Salih berkata dengan sikap kebapakan, "Jangan biarkan itu terjadi lagi. Kamu selalu pulang terlambat akhir-akhir ini. Makanan sedang menunggumu, Nak."

Hussein meminta maaf. Ketika mereka duduk untuk makan malam, dia memberi tahu Guru Salih bahwa dia akan membawa seorang pacar untuk makan malam besok. Guru Salih mengangguk dan berkata, "Katakan kepada ibumu untuk menyiapkan makanan yang sesuai."

Sekitar tengah hari, dia pergi kepadanya dan menanyakan namanya untuk pertama kalinya. "Saya tidak punya nama, tetapi di sini mereka memanggil saya 'Yatim piatu.' Seiring waktu, saya menerima nama ini," katanya.

Hussein terkejut; "Apakah dia akan disebut gadis karena dia yatim piatu?" katanya.

"Itu terjadi. Apa yang akan terjadi jika itu adalah Ayşe, apa yang akan terjadi jika itu adalah Fatima? Nama adalah kata benda. Tidak apa-apa, jangan terpaku pada itu."

"Aku ingin kamu bertemu dengan kami malam ini. Jika mereka menanyakan namamu, kamu akan mengatakan Pearl."

"Mengapa Mutiara?"

"Kamu adalah mutiara di mataku," kata Hussein.

Mereka tersenyum ...

* * *

Dia datang lebih awal untuk menjemput Anak Yatim. Mereka membayar pemilik tempat itu sebagai imbalan atas izin anak yatim piatu. Sepanjang jalan, mereka sering saling memandang ...

"Kamu berpakaian seperti seorang putri," goda Hussein.

"Ini pertama kalinya aku berpakaian seperti ini, untukmu ... Saya membeli gaun ini kemarin; Kalau menciumnya, masih baunya seperti toko," kata Anak Yatim Piatu itu.

Mereka tidak ingin naik phaeton, mereka mencoba menghemat waktu dengan berjalan. Mereka bahkan tidak peduli dengan mereka yang mengenal Orphan di sekitarnya. Mereka berjalan sambil tersenyum satu sama lain di bawah tatapan ...

Ketika mereka sampai di rumah, Hussein berteriak, "Saya di sini."

Membuka pintu, Guru Salih berkata, "Selamat datang. Selamat datang, gadis."

Sebelum anak yatim piatu itu melangkah melewati ambang pintu, dia mulai menangis deras; Untuk pertama kalinya dalam hidupnya, seseorang memanggilnya "Putriku." Tidak ada yang bisa memahami tangisan ini. Mereka tidak menyentuhnya, mereka menatapnya seolah-olah berkata, "Biarkan dia menangis." Dan itulah yang terjadi. Pada saat mereka duduk untuk makan, semuanya kembali normal. Setelah makan malam yang bahagia dan damai, Hussein berkata, "Mutiara, apakah kamu ingin melihat kamarku?" Ketika mereka memasuki ruangan bersama, Yetim menyadari bahwa dia memiliki gambar yang sama yang dia lihat di dinding, dan dia tidak bisa memahami situasi ini. Dia bertanya dengan sembrono: "Siapa mereka?"

"Ayah dan ibu saya," kata Hussein.

"Mereka adalah orang-orang yang cantik," kata Anak Yatim Piatu. Dia mengangguk dan berkata, "Saya tidak tumbuh dengan orang-orang cantik. Orang-orang cantik itu tidak ada sekarang. Dan mereka tidak akan pernah melakukannya."

"Aku akan menanyakan sesuatu, tapi jawablah dengan jujur."

"Tentu saja."

"Apakah kamu orang Armenia?"

"Yoo! Barang... Maafkan aku; Ya, saya orang Armenia."

"Mengerti..."

Anak yatim piatu, atau Pearl begitu dia dipanggil malam itu, menatap tak berdaya ke arah Hussein, wajah Garo, yang sebenarnya adalah kakak laki-lakinya. Hatiku hancur pada saat itu. Begitu dia meninggalkan ruangan, dia menangis dan semua orang terdiam. Mereka tidak bisa memahami krisis ini. Dia tidak bisa tenang untuk waktu yang lama. Dia diam, dia menangis, dia diam, dia menangis ... Seolah-olah pengalaman bertahun-tahun membanjiri hatinya; Jika mereka membiarkannya pergi, dia sepertinya ingin tenggelam dalam banjir emosi yang dia ciptakan ini.

Ketika dia tenang, Pearl bertanya, "Haruskah aku tinggal di sini malam ini?"

Guru Salih berkata, "Kami tidak keberatan, putriku."

Pearl tinggal di sana malam itu, mengawasi kakaknya untuk waktu yang lama. Setiap kali mereka melakukan kontak mata, kedua bersaudara itu saling memandang dengan emosi yang berbeda. Dua saudara laki-laki; yang satu adalah saudara laki-laki dari yang lain, yang lain adalah kekasih dari yang lain; dua saudara laki-laki, dua emosi yang berbeda ... Mereka berbicara sampai pagi; Saat kami berbicara, insomnia terasa. Seiring berjalannya percakapan, topiknya berubah.

İnci berkata, "Hüseyin, Salih Usta dan Bibi Hatice adalah orang-orang baik. Kamu adalah anak yang sangat beruntung. Betapa indahnya keluarga yang Anda miliki."

Hussein berkata, "Jika Anda mengatakan demikian, itu benar. Kami adalah keluarga yang sangat baik. Pada saat seperti itu, pada usia seperti itu, mereka merawatku ... Tuhan memberkati mereka! Apa yang bisa saya katakan ... Saya berusia tujuh tahun ketika saya datang ke rumah ini. Saya berusia delapan belas tahun sekarang. Jika bukan karena keluarga ini, saya akan binasa dalam kekejaman hidup." Saat dia mengatakan ini, dia menatap langit-langit dan melanjutkan: "Ada banyak yang tidak kamu ketahui. Bahkan jika saya ingin menjelaskannya, saya tidak bisa. Mungkin Anda tidak akan mengerti jika saya memberi tahu Anda. Jangan melihatku tersenyum sepanjang waktu, senyumku adalah obat yang aku berikan pada diriku sendiri. Saya pasti menangis ketika saya tidak tersenyum. Aku menuangkan air mata ke bantalku agar orang yang pergi akan kembali. Mereka yang pergi tidak kembali, air mataku juga tidak berhenti."

Pearl berkata, "Maaf! Apakah kamu ingin memberitahuku?"

Tanpa ragu-ragu, Hussein berkata, "Tidak."

Sepanjang malam, mereka menyembunyikan air mata mereka satu sama lain dari waktu ke waktu, dan dari waktu ke waktu mereka terdiam untuk waktu yang lama. Tetap saja, mereka menyembunyikan perasaan mereka bahwa mereka tidak bisa saling memberi tahu ...

Pearl tidak mengizinkannya untuk mendekat. Setiap kali mereka melakukan kontak mata, air mata yang satu dan kesedihan yang lain membara. Dengan cahaya pertama di pagi hari, mereka muncul di depan Salih Usta dengan pakaian malam mereka. Guru Salih tidak mengatakan apa-apa kepada kedua hati itu, yang matanya merah karena membara, tetapi dia merasakan bahwa ada sesuatu yang aneh yang terlibat.

Inci berkata, "Biarkan aku pergi."

Hussein marah dan berkata, "Apa yang terburu-buru? Ayo sarapan."

Pearl menolak; Dia ingin pergi secepat mungkin; Hatinya hancur setiap kali dia tinggal di sana. Meskipun Hüseyin tidak dapat memahami desakan İnci, dia tidak punya pilihan selain menerimanya. Mereka meninggalkan rumah bersama. Mereka berbicara di sepanjang jalan. Mereka memiliki perasaan yang berbeda ketika mereka pergi. Dua saudara laki-laki ... Dua emosi yang berbeda ... Baik langit maupun bumi tidak mau menerima apa yang terjadi di antara kedua bersaudara itu dalam empat bulan terakhir. Terutama umat manusia tidak akan pernah menerimanya, tetapi hukum alam membuatnya menerima apa yang terjadi.

Hussein berkata dengan malu-malu, "Dengan melupakan atau harus berpura-pura melupakan bahasanya, agamanya, keluarganya, kerabatnya, tempat tinggalnya, singkatnya, segala sesuatu yang membuat seseorang menjadi dirinya; mengubur dalam dirinya semua rasa sakit yang telah dia saksikan, melihat bahwa setiap sepotong harapan berubah menjadi kekecewaan baru; Bagaimana seseorang bisa menjalani kehidupan kerinduan, keputusasaan, dan kebohongan untuk sebagian besar?" katanya kepada Pearl.

"Saya belajar bagaimana hidup dengan hidup. Namun, yang terbaik adalah diam. Tetap diam; Terkadang itu hukuman, terkadang obat, terkadang penerimaan. Dari rasa sakit saya sendiri, saya tidak bisa melihat rasa sakit orang lain."

Setelah percakapan yang mencela dan tanpa kompromi, mereka tidak mau berbicara. Pada satu titik, Hüseyin ingin memegang tangannya, tetapi dia tidak memberinya tangannya. Dia hanya tersenyum dan mengambil hatinya. Dia membelai wajahnya dengan jari-jarinya yang ramping. Saat dia berpisah, dia mencium pipinya dua kali untuk pertama kalinya, dengan penuh kerinduan.

Pearl kembali ke kamarnya, mengatakan dia ingin sendirian hari itu. Dia menggeliat kesakitan yang mendalam selama berjam-jam. Dirinya, martabatnya, dan harga dirinya hancur. Dia melihat foto yang telah dia simpan selama bertahun-tahun; Itu adalah foto yang sama. Air mata membanjiri foto itu. Dia dengan hati-hati menyeka setiap tetes dari foto itu. Untuk pertama kalinya, dia tidak bisa membaca prasasti di bagian belakang foto saat dia mengangkatnya ke tempatnya.

Dia bangun pagi-pagi sekali dan mandi. Dia pergi ke Gereja Bebekli. Dia memberikan foto itu kepada petugas yang menyambutnya di pintu dan bertanya, "Apa yang tertulis di sini?" "Beberapa cinta itu seperti doa!" tulisnya. "Aku mengerti," katanya, memalingkan wajahnya ke gereja. Petugas itu berkata, "Lihat, gadis, pemuda lain membawakan saya foto yang sama sebelumnya. Hal yang sama ditulis. Saya tidak mengerti, tapi ada sesuatu yang aneh tentang itu," katanya menyindir. Dia tidak memperhatikan kata-kata pria itu; Dia sudah tahu kebenarannya. Berhenti... Kemudian dia berkata, "Dia pasti saudaraku. Kami kehilangan satu sama lain. Saya pikir dia juga mencari saya," katanya, tidak bisa menahan air matanya.

Dia mengutuk orang-orang yang kepadanya dia harus mempersembahkan tubuhnya setiap hari; Dia mengutuk bertemu saudaranya seperti itu. Dia menangis sampai pagi. Dia melihat lagi foto-foto ibu dan ayahnya, hanya untuk memastikannya. Dia yakin! Foto-fotonya sama. Sekarang itu adalah rahasia. Dia tidak bisa mengatakan yang sebenarnya kepada Hussein, saudaranya Garo; Dia harus memikul beban ini sendirian.

Keesokan harinya, sekitar tengah hari, dia melihat Hussein di pintu. Dia kesal, marah, tersipu, menelan dan membiarkannya masuk. Mereka duduk dan minum teh, dua bersaudara seperti orang asing. Setelah beberapa saat, dia mengirim Hussein. Dia melihat kalender dan itu adalah 13 Maret. Saat itu hari Jumat. Yatim piatu, Mutiara Hussein, mengakhiri hidupnya dengan menggorok pergelangan tangannya di pagi hari, meninggalkan sebaris tulisan:

"*Aku tidak pantas menerima apa yang aku alami, Tuhan!*"

Dalam Pelukan Rasa Sakit

Sebuah

Ketika pamannya datang ke Turki dari Jerman untuk liburan musim panas, dia biasanya tinggal di rumahnya sendiri untuk sementara waktu. Saya tidak tahu mengapa, tetapi seolah-olah dia membutuhkan masa adaptasi ke desa atau merencanakan bagaimana memperlakukan siapa. Beberapa hari kemudian, dia akan datang mengunjungi saudara perempuannya. Dia akan memasuki rumah tanpa melepas sepatu yang dia kenakan di jalan dan duduk di sofa di sudut rumah. Bagaimana dia bisa masuk ke rumah dengan sepatu jalanannya? Seperti itu di Jerman, setidaknya begitulah cara kami diberitahu. Penjelasannya sama menariknya: "Jalan-jalan orang-orang Jerman ini sangat bersih. Itu sebabnya tidak ada yang melepas sepatu mereka di ambang pintu."

Teori ini, yang kami pikir benar pada saat itu, tampak sangat konyol ketika kami memikirkannya sekarang. Namun, sebagian besar orang yang menyapu jalanan di Jerman adalah pekerja Turki, bukan orang Jerman. Selain itu, rumah mereka bukan di Jerman, tetapi di tempat yang dapat dicapai dengan jalan setapak yang jauh.

Setelah pamannya duduk di sudut, ibunya akan mengambil tempat di dekatnya. Keheningan memenuhi aula untuk sementara waktu. Di tengah keheningan ini, ibunya tidak tahu di mana harus meletakkan tangannya; Itu tidak diketahui, dan tidak pernah, apakah itu karena cinta, rasa hormat, atau ketakutan. "Aku memiliki begitu banyak kunci sepanjang hidupku, tapi aku tidak pernah bisa membuka jiwa ibuku dengan salah satu dari mereka," pikirnya tak berdaya.

Ketika dia tiba di rumah dengan taksi, hal pertama yang menarik perhatiannya adalah kerumunan besar di daerah sekitarnya. Saat dia melihat sekeliling dengan mata bingung, dia menyadari bahwa sudah terlambat. Karena mereka yang melihatnya bergiliran datang ke arahnya untuk menyampaikan belasungkawa mereka. Namun, yang dia butuhkan pada saat itu hanyalah sendirian sebentar di sumur yang telah dia ukir di dalamnya. Itu adalah kesalahan taktis untuk turun di depan rumah dan dilemparkan oleh kata-kata penghiburan orang-orang yang sekarang tidak bisa dihindari. Tentu saja, dia tidak mengkritik atau bahkan menilai situasi ini; Senang dicintai dan dihargai, tetapi orang masih ingin menjadi dewasa dengan rasa sakit mereka sendiri untuk sementara waktu. Atau terkadang orang ingin mengingat masa lalu dengan mengalami rasa sakit sendirian, memberontak sendirian... Mungkin dia ingin mengubah momen pertemuan pertama menjadi ritual dan mengubahnya menjadi gambaran yang unik. Apakah ini mungkin? "Tentu saja tidak," pikirnya.

Dia terhibur untuk waktu yang lama, di mana dia keluar dari taksi. Apakah Anda mencari mereka yang ingin menghilangkan rasa sakit mereka dengan berbagi rasa sakit mereka sendiri, mereka yang berpelukan dan menangis dengan dua air mancur, mereka yang berharap mereka berumur panjang, mereka yang berbicara tentang betapa baiknya orang ibu mereka ... Yang hampir dia percayai jika dia tidak tahu bagaimana beberapa dari mereka menyiksa ibunya.

Tidak diketahui berapa lama bab penghiburan ini berlangsung. Sehari, sebulan, setahun... Yang dia rasakan adalah *selama waktu membaca* novel Yaşar Kemal İnce Memed.

Dia mulai berjalan pulang dengan langkah-langkah kecil. Dia sangat berhati-hati untuk melewati bagian bawah dinding rumah saat dia berjalan. Karena dia selalu turun dari tempat ini di mana dia berjalan dengan ibunya memegang tangannya erat-erat sebagai seorang anak; Dia merasakan kehangatan terakhir di telapak tangan ibunya.

Ketika dia sampai di pintu, dia merasakan lututnya gemetar sejenak. Apakah itu mudah; Suara yang mengucapkan selamat tinggal ketika dia pergi tidak akan bisa menyambutnya ketika dia sampai di rumah. Saat dia berjalan melewati rumah menuju ruang tamu, dia pertama kali mendengar gumaman datang dari dalam. Ketika dia mendekat, dia menyadari bahwa gumaman ini adalah suara wanita yang membaca doa. Pada saat dia muncul di pintu, semua wajah telah beralih kepadanya dan dia telah berhenti membaca doa. Ketika mereka masih kecil, mereka biasa pergi ke bioskop, semua orang di lingkungan itu. Tepat di bagian paling menarik dari film, akan ada pembakaran di tengah layar lebar dan film akan pecah. Kemudian aula akan jatuh ke dalam kegelapan. Begitu dia muncul di pintu, film itu terputus dan semua orang membeku di tempat.

Dia tidak bisa membaca keterkejutan di wajah mereka. Apa yang terjadi, apakah Anda pikir saya tidak akan datang? Mengapa saya tidak? Bukan itu, tapi itu terbaca di wajah mereka. Itu lebih seperti momen gemetar ketika lemon dan lidah pertama kali bertemu, atau keadaan kasihan untuk seorang yatim piatu: "Woah wah.. Anak-anak mereka juga yatim piatu. Apa yang akan mereka lakukan tanpa seorang ibu sekarang?"

Sungguh dunia yang kejam, bukan? Hati yang baru saja membaca doa itu tiba-tiba membuka front baru di hati seseorang dengan rasa kasihan. Pada saat itu, hati manusia berjuang di banyak bidang sehingga kehilangan semuanya. Namun, bukan dosa untuk tersenyum ...

Itu tepat di tengah aula. Artinya, aula tempat pamannya duduk di sudut. Kepalanya berada di sisi jendela dan kakinya mengarah ke pintu. Ada sekitar dua meter antara dia dan kakinya, atau tidak ada, tetapi dua meter itu sangat jauh. Ada dua puluh dua tahun kenangan pada jarak itu. Selain itu, itu bukan benang, tetapi kenangan yang diikat dengan tali. Ketika dia mengambil dua langkah ke dalam, para wanita berhamburan ke kamar yang mereka temukan kosong dan menghilang. Dia mendekat, dia hanya bisa melakukan tindakan mendekat. Namun, apa yang tidak dia pikirkan sampai dia datang ke desa ... Tetapi berpikir tidak cukup untuk melakukan tindakan; Ibu seseorang tidak selalu mati.

Dia hanya menatap; kusam, dingin dan tetap. Tatapannya ditusuk seperti paku berkarat; Siapa pun yang datang pada saat itu seperti paku yang tidak bisa dicabut ... Dia merasakan tangan di bahu kirinya. Salah satu wanita, yang tidak dia perhatikan ketika dia memasuki aula, telah meninggalkan ruangan dan menyentuh bahunya. Ketika dia berbalik, dia segera mengenalinya. Selama bertahun-tahun, Suster Zarife yang mengetuk jendela dapur kami setiap pagi setelah membeli roti dari toko kelontong. Matanya berubah warna karena menangis; Seolah-olah lidahnya telah menjadi kutukan. Dia ingin mengatakan sesuatu, tetapi dia tidak mampu membelinya. Dia hanya bisa menganggguk padanya. "Aku mengerti, aku mengerti apa yang akan kamu katakan, jangan lelahkan dirimu, saudari. Aku kuat," dia tidak bisa berkata pada dirinya sendiri, tetapi dia menahan dirinya dan air matanya sehingga dia bisa mengetahuinya.

Shalat siang semakin dekat. Suara kerumunan di luar datang sampai ke aula. Kemudian mereka memikul ibunya seperti pengantin wanita. Mereka membawanya keluar dari rumahnya, yang telah dia bersihkan dengan sapu selama dua puluh tahun. "Berhenti; Biarkan aku melihat rumahku untuk terakhir kalinya," mereka dengan cepat membawanya ke jalan sebelum dia bisa berkata. Dua orang menekannya, satu di lengan kanannya dan yang lainnya di lengan kirinya. Dia tidak bisa memberi tahu mereka, "Saya tidak bersalah, saya hanya yatim piatu." Tidak peduli seberapa besar rasa sakitnya, tidak ada suara yang bisa dinaikkan di pemakaman; Mereka bahkan menangis karena menangis dengan keras adalah dosa. "Bukankah itu dosa bagi kita, ketika kita telah menanamkan rasa sakit perpisahan prematur di hati kita?" teriaknya, tetapi tidak ada seorang pun di dalam dirinya yang mendengar jeritannya kecuali dirinya sendiri.

Untuk terakhir kalinya, dia berjalan melalui jalan-jalan ini dengan ibunya di depan dan dirinya sendiri di belakang. Namun, ada kenangan di setiap sudut jalan-jalan ini. Apakah Anda melihat pohon zaitun di sana, Anda tidak dapat melihatnya, tentu saja, saya juga tidak dapat melihatnya; Mereka memotongnya karena kami akan membangun jalan, tetapi masih menganggapnya seolah-olah Anda ada di sana. Dia berdiri di dekat pohon zaitun ketika dia mulai menangis, "Aku tidak akan datang.." dan berdiri dan menatap matanya untuk waktu yang lama dan berkata, "Kamu akan datang! Anda harus datang! Jika kamu tidak datang, kamu akan menangis lebih banyak besok."

Anak laki-laki itu tidak bisa mengerti apa yang ingin dia katakan dengan pikirannya. Bertahun-tahun kemudian, ketika dia memikirkan kalimat ini, dia berkata pada dirinya sendiri, "Betapa benarnya dia."

Akhir-akhir ini, dia belum bisa tidur karena sakit gigi, tetapi dia masih takut untuk pergi ke dokter gigi. Terutama dua malam terakhir itu ... Ketika dia berpikir bahwa jika dia tidak pergi keesokan harinya, dia akan mengalami malam mimpi buruk lagi, dia harus pergi ke dokter gigi sambil menangis. Begitu dokter gigi melihat gigi yang sakit, dia mencabutnya karena dia tidak punya kesempatan untuk menyelamatkannya. Saat mereka kembali ke rumah dengan bahagia, ibunya membeli mobil mainan sebagai hadiah.

Kerumunan meninggalkan pohon zaitun dan terus berjalan. Dia masih berjalan dalam keadaan tawanan, di antara orang-orang dengan tangan di pelukannya. Ketika mereka memasuki halaman masjid, mereka diam-diam menurunkan ibunya dan meletakkannya di atas batu musalla, lalu mundur, meninggalkannya sendirian dengan anggota keluarganya. "Berhenti! Pergi! Jangan tinggalkan kami sendirian!" dia menoleh ke belakang seolah berkata; Dia ingin berteriak sebanyak yang dia bisa, tetapi dia tidak bisa, dan kemudian dia menyadari bahwa dia tidak pernah sendirian. Dia tidak pernah sendirian, bahkan di batu musalla. Pada saat-saat ini, orang-orang berpikir tentang apa yang mereka pikirkan, apa yang terjadi di mereka, tetapi mereka tidak dapat menyesuaikan perasaan dan pikiran mereka dengan salah satu dari mereka. Pada saat itu, dia berpikir bahwa tidak semua orang yang mati binasa dan tidak semua orang yang bernapas hidup.

Dia telah berosilasi antara keberadaan dan ketidakhadiran selama bertahun-tahun dalam kehangatan Çukurova. Mungkin itu adalah kehidupan yang singkat bagi sebagian orang, tetapi dia mengemas keabadian ke dalam hidupnya.

Dia selalu memiliki mimpi seperti halnya dunia, yang membuatnya sibuk di siang hari, dan berlama-lama di kain tipis saat dia berlama-lama. Dia selalu memiliki mimpi seperti dunia, berlama-lama dengan cucu-cucunya, yang akan dia pegang dalam pelukan dan cintanya, dan membuat cucu-cucunya sibuk dengan kain tipis saat dia berlama-lama. Dan di samping tempat tidurnya ada keluarganya, yang masing-masing dengan hati-hati dia sulam pada menjahit dan kain tipis; Bagaimana dia bisa sendirian ...

Setelah adzan siang hari dan doa pemakaman, ibunya dibawa kembali ke pundaknya. Saya bertanya-tanya apakah jiwanya akan damai jika lagu kesayangannya "Mektebin Chimneys" dinyanyikan dalam perjalanan dari masjid ke pemakaman. Memang, ketika seorang pria masih hidup, apakah dia pernah mewariskan lagu daerah agar jiwanya akan beristirahat dengan tenang ketika dia meninggal? Tentu saja, ada yang melakukannya, mereka yang tidak, dan mereka yang kehendaknya tidak dapat dipenuhi.

"Dari mana hal-hal ini datang dari pikiran saya sekarang? Atau apakah aku kehilangan akal sehatku?" pikirnya sejenak. Memikirkannya, dia teringat pemakaman Star Right. Air mata mengalir di hatinya ketika dia memikirkan perjalanan Tolga Sağ yang diiringi lagu-lagu daerahnya dan kemudian adegan "Here I Go" yang Yılmaz Erdoğan membuat ayahnya mendengarkan di makamnya.

Saat dia berjalan melalui kuburan, matanya tertuju pada batu nisan. Ada begitu banyak orang di sini, lama dan baru, yang meninggal dan berjalan menuju keabadian ... "Dan sangat mirip denganku..." Sebelum dia bisa menyelesaikan pikirannya, dia terbangun oleh suara imam tetangga; Ibunya turun seperti bulu dari terang ke kegelapan yang dalam. Dia melihatnya untuk terakhir kalinya, atau mengira dia sedang melihat. Waktu berlalu begitu cepat ... "Berhenti! Taruh aku di sana! Ibuku takut kesepian ..." Meskipun tangisan itu robek, telinganya tidak bisa mengucapkan satu suara pun untuk permohonan di dalam dirinya; Mulutnya hanya berdiri setengah terbuka. Papan telah ditempatkan, tumpukan tanah telah dilemparkan di atasnya; doa di telinga mereka... Doa-doa yang dipanjatkan sambil berpikir bahwa cerita lain telah berakhir hampir membawa kedamaian pada kehidupan yang berakhir ini.

Semua orang telah mundur dari kuburan mereka. Dia sendirian sekarang, dia sendirian dengan ibunya. Dia kesal karena mereka tidak mendengar satu sama lain ketika mereka begitu dekat. Bagaimana dia bisa meninggalkan ibunya dalam kegelapan ini untuk waktu yang lama ... Kemudian dia ingin mengambil segenggam tanah dan membuangnya untuk terakhir kalinya, tetapi dia tidak bisa; Seluruh bumi mengalir melalui tinjunya. Dia dengan cepat berdiri, mencabut sekuntum mawar dari kuburan berikutnya, dan menanamnya di kakinya, menangis sekeras mungkin.

Seorang Wanita, Seorang Ibu, Seorang Manusia

Y

Itu adalah tahun-tahun kemiskinan dan kemiskinan bagi Khadija. Untuk sesaat, dia senang melihat uap mengepul dari sup yang dia aduk di atas kompor. Bau uap menutupi semua dinginnya bagian luar yang meresap ke dapur, dan semua masalah yang mengganggu dan memutihkan rambutnya. Dia menghirup aroma hangat lagi. Tidak diketahui apakah dia melewatkan bau ini atau apakah dia mengisi perutnya dengan bau panas. Dia meletakkan tiga piring, tiga sendok, tiga garpu di atas nampan. Dia memanaskan roti yang tersisa dari kemarin di pemanggang roti. Dia meletakkan roti di atas nampan dan membawanya ke ruang tamu. Dia meletakkannya di atas meja di lantai. Cahaya yang berkedip-kedip berkedip sekali lagi. Mereka semua duduk di meja, minum sup dan makan roti. Mereka senang untuk malam itu. Dia berpikir bahwa dia jarang menjalani malam seperti itu saat dia bangun di meja.

Ketika dia bangun pagi-pagi, dia tidak bisa bangun dari tempat tidur untuk sementara waktu karena kedinginan. Meskipun dia terbiasa dengan hawa dingin, itu seperti flu pagi ini, dan tidak ada yang bisa dia lakukan.

Sangat dingin sehingga pipinya memerah. Dia pergi ke toko roti dengan bayinya memegang tangannya. Anak itu memiliki sandal di kakinya, kakinya telanjang, jari-jarinya yang telanjang memerah di kakinya. Siapa yang tahu berapa banyak celana di kakinya ada di pemiliknya, yang ada di atasnya sama ... Seorang bayi laki-laki mungil dengan rambut kusut tetapi wajah bersih. Pipinya menarik ibunya, dan dia membawanya dari kedinginan. Dia menempelkan tangan ibunya, berharap ibunya akan melindunginya dari hawa dingin. Mereka masuk ke dalam oven, di dalamnya hangat, dan baunya seperti roti, roti segar. Mereka tidak tahu kapan terakhir kali mereka makan roti segar. Bagi mereka, roti segar lolos ke dalam kemewahan. Pembuat roti menjual sisa roti dari hari sebelumnya dengan harga lebih murah; Dengan cara ini, mereka tidak menyia-nyiakan dan orang miskin membeli roti lebih murah. Wanita itu menuju ke lemari tempat roti sisa kemarin diletakkan karena lebih murah daripada yang segar. Dia mengambil dua. Dia ingin membayar dan segera keluar, tetapi bocah itu ramah. Baik bau roti menarik anak dan kehangatan di dalamnya. Wanita itu menggendong bayinya dan meletakkan tangannya di dadanya agar tidak kedinginan. Dengan kepala di pundaknya, dia meninggalkan toko roti dengan rasa aman yang abadi. Tukang roti melihat ke belakang mereka dan bersyukur atas situasinya. Sementara hidup dijalani dalam kemiskinan, dia marah dengan anak-anaknya yang tidak menyukai makanan di rumah. Dari sudut matanya, dia melihat TV di oven. Ada kompetisi memasak. Ketika dia mendengar percakapan, dia mematikan televisi karena marah. Dia melompat keluar dari oven, tetapi tidak ada wanita di sekitarnya.

Sepatunya semakin berair, kakinya yang basah dingin. Kakinya yang dingin kembali padanya di malam hari saat lutut dan sakit kepala. Di rumahnya yang lembab, hidupnya dan hidupnya sendiri membusuk, tetapi dia harus menanggung hidup terkadang karena itu tidak adil sama sekali. Seperti tukang roti, dia bersyukur atas situasinya, mengatakan, "Ada yang lebih buruk daripada yang lebih buruk," tetapi dia juga tahu bahwa dia adalah yang terbaik dari yang terbaik. Ketika mereka memikirkan yang terbaik dari yang terbaik, mereka kehilangan tidur, dan ketika mereka tidak bisa tidur keesokan harinya, rasa sakit mereka semakin meningkat. Melawan segala rintangan, dia harus mengurus dirinya sendiri, untuk putra kecilnya. Dia lebih memikirkan dia daripada dia memikirkan dirinya sendiri.

Dia berjalan ke pasar, dengan anak di pelukannya, terjalin. Kakinya telanjang, kaus kakinya robek, sepatunya penuh dengan lubang. Dia berjalan ke toko kelontong. Di lorong buah dan sayuran, mereka memisahkan buah dan sayuran yang rusak, sedikit lewat dan menjualnya dengan harga diskon di lingkungan miskin. Di lingkungan kelas atas, nadahan sayuran dan buah-buahan menjadi-, sementara buah yang dihancurkan bisa menjadi alasan kebahagiaan bagi seorang anak di pinggiran kota. Wanita itu memilih buah dari peti yang diletakkan di tanah. Anak itu telah turun dari pelukannya, membantu ibunya; Bersama ibunya, mereka memilah buah yang hancur dan sedikit busuk. Anak itu bahagia, wanita itu terburu-buru untuk memilih dengan cepat. Dia memasukkannya ke dalam tas dan menimbangnya. Label terpasang pada tas. Saat melakukan ini, wanita itu selalu mengarahkan kepalanya ke depan. Dia diam-diam melihat apakah ada orang yang akrab, sehingga tetangga tidak melihatnya. Dia membeli sebungkus pasta, beberapa sup instan dan beberapa kantong tisu.

Setiap kali dia datang ke pasar, belanjaannya adalah pasta, sup instan, dan sapu tangan. Gadis muda di kasir mengenalinya. Mereka saling tersenyum malu. Wanita itu dengan cepat meninggalkan toko dengan kepala di depan. Anak laki-laki itu sangat bahagia; Bagaimanapun, dia akan makan buah di malam hari.

Mereka berjalan dalam perjalanan pulang, bayangan mereka di depan. Wanita itu harus pulang dan mendapatkan uang sesegera mungkin. Setiap malam, wanita itu mencurahkan mulutnya kepada orang lain agar uang bisa masuk ke dalam rumah. Dia mencoba menjual tisu di Dam Road Street yang terkenal, di mana orang-orang berjalan naik turun tanpa alasan. Jalannya ramai, tetapi hanya sedikit orang yang merawatnya. Saat dia memohon untuk menjual sapu tangan di tangannya, dia juga malu. Dia telah keluar setiap hari sejak suaminya jatuh sakit. El terpaksa, terburu-buru untuk hidup, mengabaikan tatapan menghina orang-orang. Dengan kesedihan karena tidak bisa membaca, tidak memiliki kualifikasi; Wanita itu mencoba membalikkan rumahnya di atas kepalanya, terlepas dari segalanya, dia mencoba untuk berdiri tegak.

Rumah ini satu kamar dengan satu kamar, dipanaskan oleh kompor. Musim dingin sulit bagi mereka. Terkadang anak mengumpulkan bahan bakar dari jalan, sebanyak yang dia bisa temukan. Mereka mengumpulkan peti buah dan sayuran dari pasar lingkungan setelah pasar selesai. Tetangga terkadang membantu, tetapi setiap orang memiliki masalah yang berbeda di pinggiran kota. Lingkungan itu berbau kemiskinan. Di musim dingin, bau ini menjadi lebih berat, semua orang dapat dengan mudah melihat rasa asam yang ditinggalkan oleh bau ini ketika mereka melihat wajah satu sama lain. Tidak ada yang mau menunjukkannya, tetapi sekilas bisa dimengerti. Kesedihan tidak bisa disembunyikan di wajah, tetap ada di dalam, tetapi senyum bahagia seseorang dan senyum penderitaannya sangat berbeda; Perbedaan di antara mereka adalah sebanyak dua kutub, itu bisa dimengerti.

Wanita itu meninggalkan rumah dengan embun beku di malam hari. Dia pergi untuk mengejar mata pencahariannya, yang berada di bawah belas kasihan orang-orang. Setiap malam ketika dia kembali, dia menangis sebelum dia memasuki rumah, sehingga bayinya dan suaminya tidak akan melihatnya. Penampilan orang-orang yang memalukan dan pelabelan pengemis sangat berat. Betapa mudahnya seseorang menempelkan kata sifat ketika dia tidak tahu. Sangat kejam dan kejam! Dia tidak tahu apa yang terjadi ketika itu tidak terjadi padanya, bagaimana dia hidup, apa yang dia rasakan dan pikirkan. Karena dia terlalu malas untuk berpikir, dia menindas orang dengan melihat statusnya, dia tidak merasa kasihan atau ragu-ragu tentang hal itu; Dia bahkan tidak merasa sedih. Tapi kadang-kadang seseorang keluar, seolah-olah mengeluarkannya dan meletakkan hatinya di tangannya; Dia merasakan kehangatan itu. Dia tidak tahu apakah harus sedih atau bahagia. Dia hampir tidak bisa menahan diri untuk tidak menangis saat dia menyerahkan tisu. Dia mengeluarkan kertas tisu lainnya dari tasnya dan berangkat ke jalan yang dia harap akan mengarah pada hati nurani orang lain.

Dia kembali ke rumah. Anak itu berbaring telungkup di atas karpet di depan kompor, dia telah mengatur kulit jeruk keprok di atas kompor, ruangan berbau jeruk keprok. Dia pergi ke dapur, dari aula yang hangat; dapur dingin, lantainya beton; Kakinya dingin, lututnya sakit karena kelelahan. Satu per satu, dia melemparkan koin di sakunya ke dalam kotak uang di dapur. Dia senang menyelamatkan besok ...

Dengungan Cinta

Sebuah

Itu adalah malam pertamanya di Dana. Dia menyandarkan kepalanya ke jendela dan memperhatikan Adana bertahun-tahun kemudian. "Hidup saya telah berusia enam puluh tahun dengan undang-undang kudeta, dan kami masih belum hidup, kami tidak bisa hidup. Begitu banyak ketidakmasuk akal, begitu banyak keterbelakangan mencekik orang-orang di negara ini," katanya pada dirinya sendiri. Tidak ada yang tersisa di Adana selain kekacauan, kekacauan, dan keterasingan yang mendalam.

Dia berpikir kembali bertahun-tahun yang lalu. "Saya memiliki jejak kaki saya di setiap inci Adana. Apa yang telah kami lalui. Perkelahian, kematian, pawai. Ini adalah pemuda yang belum dijalani." Lehernya pasti berkontraksi karena kesal, karena dia sadar dengan rasa sakit. Dulu butuh keberanian untuk berdiri di depan jendela. Banyak orang cantik meninggal saat melihat Adana dari jendela. Dia merasa sedih saat melihat Adana.

Saat ini, lingkungan Suriah telah didirikan dan tidak ada jejak Adana lama. Seolah-olah semuanya telah bergeser. Dia memikirkan masa mudanya ... "Betapa sedikitnya aku hidup! Betapa banyak kesulitan yang telah saya derita! Aku selalu bekerja, bagaimana aku bisa menanggung kesulitan ini bahkan tanpa berlibur?" pikirnya sambil menghela nafas dalam-dalam. Kemudian dia berkata dengan berbisik, "Hidup selalu tidak lengkap, selalu tidak cukup, selalu sulit, selalu mustahil bagi kita." Bertahun-tahun kemudian, dia sekali lagi memikirkan masa mudanya, dia berpikir sekali lagi tentang panas kuning Çukurova dan Adana, yang berubah menjadi lautan darah, "AdanaSA" pada masa itu.

Dia tidak ingin meninggalkan jendela. Seolah-olah bertahun-tahun kemudian, Adana merindukan berdiri di depan jendela seperti dia, terlepas dari masa lalu. Seseorang tidak bisa tidak berkata, "Betapa tidak bahagia dan putus asa anak-anak dan remaja kita pada usia ini!" Dan dia tidak bisa. Segelintir parasit telah membuat seluruh negara tidak bahagia karena seseorang akan memiliki kekuasaan yang tidak proporsional dan hak yang tidak proporsional. "Kemarin seperti itu, dan sekarang seperti itu," katanya kesakitan. Saat dia berpikir, dia diliputi emosi dan mulai menangis sendirian.

***

Ketika dia datang ke Adana, dia ragu-ragu untuk waktu yang lama antara menelepon dan tidak menelepon. Namun, dia telah membuat rencana untuk meneleponnya, untuk berbicara dengannya. Dia melatih pidatonya sendiri. Dia telah menulis dan mengubah apa yang ingin dia bicarakan berkali-kali. Seolah-olah pikirannya telah dikalahkan dan emosinya telah membeku. Dia tidak bisa memahami perasaannya. Seolah-olah otak dan hatinya berjuang untuk kekuasaan atas hidupnya. Oda tahu bahwa hatinya akan memenangkan pertempuran ini. Dia ingin hatinya menang. Itu adalah luka yang telah berdarah di hatinya selama bertahun-tahun. Dia menggambarkan rasa sakit di hatinya sebagai "rasa sakit karena menggali kesedihan saya setelah beberapa hal yang telah dilakukan, kesedihan saya yang tak ada habisnya, rasa sakit menggali luka di dalam diri saya, luka lama, luka lama yang belum berkeropeng."

Dia tidak bisa menahan diri dan akhirnya menelepon. Dia adalah orang pertama yang dia cari sejak dia kembali ke Adana. Ketika telepon berdering, yang berdering lama, mereka bertukar salam dengan suara berkabut. "Jika kamu punya waktu, mari kita bertemu satu sama lain," kata pria yang memutar nomor setelah semua lemparan dan pemerasan. "Saya akan lihat, saya akan menelepon jika kondisinya tepat," katanya. Seolah-olah waktu telah berhenti, dan dia sering melihat jam. Selama telepon tidak berdering, interval melihat jam juga dipersingkat. Seiring berjalannya waktu, dia berpikir bahwa dia telah kalah dalam pertempuran emosi yang dia alami. Namun apa yang dia impikan! Itu bukan mimpi selama satu jam, sehari, sebulan, setahun, itu adalah mimpi seumur hidup.

Saat dia menjilat, dia memikirkan orang-orang yang terhenti untuk membuatnya sibuk. Ternyata ada pengerjaan menjahit yang bagus. Dia bertanya-tanya untuk waktu yang lama apakah mereka yang melakukan menjahit melakukannya untuk berlama-lama atau untuk memvisualisasikan mimpi mereka. Ketika dia sadar, dia bergumam pada dirinya sendiri, "Hal-hal yang tidak berguna yang kupikirkan." Banyak waktu telah berlalu sejak saya berpikir tentang paralel emosional dan intelektual antara menunggu panggilan telepon dan menjahit.

Sekitar satu jam kemudian, suara di ujung telepon berkata, "Oke, mari kita bicara." Dia tidak mengatakan apa-apa, dia diam dan berterima kasih, tetapi dia tidak mendengar. Tiga puluh enam tahun kemudian, dia ingin melihatnya, untuk melihatnya. Betapa bersemangatnya dia. Seperti yang selalu dia lakukan, dia bermimpi dan berlatih untuk pertemuan itu.

Dia bangkit dari kursinya dan menyandarkan kepalanya ke jendela. Ada begitu banyak orang yang datang dan pergi di jalanan. Ini seperti semua orang sedang terburu-buru, seperti beberapa tidak bisa sampai ke tempat yang mereka inginkan ... Kemudian dia memikirkannya lagi, memikirkan tahun-tahun ... Terbukti dari setiap aspek bahwa dia kesakitan. Dia sangat kesakitan sehingga dia tidak mendengar suara telepon. Siapa yang tahu berapa kali dia bermain. Dia tersentak. Dia adalah satu-satunya yang memanggil. Dia mengangkat telepon dengan jantung berdebar-debar. "Kita akan bertemu besok, tapi kamu tidak meminta tempatnya, dan aku tidak mengatakannya," dia tertawa. "Maaf, saya bersemangat," katanya. "Saya mengerti ... Barang... Besok, mari kita makan malam di Özal dan Eyvan," tambahnya. "Oke," katanya.

Begitu dia menutup telepon, dia memikirkan tahun-tahun yang telah dia habiskan tanpa dia, tetapi bersamanya. "Tiga puluh enam tahun," katanya pada dirinya sendiri berulang kali. Sudah berapa tahun sejak saya melihatnya? Apa yang akan terjadi ketika Anda pertama kali melihatnya? Dia bahkan tidak ingin memikirkan jawaban atas pertanyaan seperti itu. Dia tidak ingin memikirkannya, tetapi malamnya dihabiskan dengan pikiran itu. Setiap kali dia memikirkannya, dia memikirkannya, mengetahui bahwa dia menderita insomnia, dan semakin dia memikirkannya, semakin dia tidak bisa tidur lagi. Terlepas dari itu, dia tidak berhenti memikirkannya, meskipun dia membayar harganya dengan kurang tidur.

Ketika dia tidak memiliki kekuatan untuk bertahan di pagi hari, tubuhnya menyerah untuk tidur. Ketika dia bangun, waktu janjinya sudah dekat. Dia bergerak cepat. Tubuhnya basah kuyup dengan keringat dalam perjalanan ke arahnya.

Dia pergi ke tempat pertemuan jauh sebelum waktu pertemuan. Dia gemetar tangan dan kaki. Seolah-olah jantungnya akan melonjak jika mereka membiarkannya pergi. Dia sering menyeka keringatnya. Dia menatap pintu, menunggu kedatangannya selama beberapa menit. Dia tidak mengalihkan pandangannya dari jalan untuk waktu yang lama. Ketika dia melihatnya datang, dia mengembara dari tangan ke kaki. Dia marah pada dirinya sendiri, wajahnya memerah, lalu dia menarik dirinya ketika dia mengambil langkah ke arahnya. Ketika dia mengulurkan tangannya, kerinduan tahun-tahun tiba-tiba berubah menjadi abu. Mimpi yang dia impikan selama bertahun-tahun akhirnya menjadi kenyataan. Di sini dia berada di depan wanita yang dia impikan selama bertahun-tahun ...

Dia menatapnya dengan malu-malu. Seolah-olah dia akan berbagi sesuatu, berteriak dengan sekuat tenaga ke arah Pegunungan Taurus, dan suaranya akan bergema lagi. Itu tidak terjadi, dia terdiam, dia terjun ke kejauhan ... Wanita yang telah dia rindukan selama bertahun-tahun sekarang bersamanya, dan dia tidak bisa menatap matanya dan berkata, "Apakah itu untuk hidup, untuk ada?" Kata-kata itu terikat di tenggorokannya.

"Anda tidak berubah sama sekali," katanya. "Haruskah kita? Bukankah manusia berubah dalam tiga puluh enam tahun? Di mana pemuda itu?.. Kita semakin tua... Banyak..." Dia berkata, dan mereka terdiam lagi. Mereka tersenyum sesekali ketika mereka melakukan kontak mata. "Butuh waktu tiga puluh enam tahun untuk sampai padamu. Aku selalu memikirkanmu. Aku selalu melukismu di buku harianku. Saya berbicara dengan Anda saat saya menulis buku harian. Di saat-saat saya yang paling sulit, saya terhibur dengan memikirkan Anda." Setelah mendengarkan dengan tenang, dia berkata, "Aku minta maaf atas apa yang telah kamu lalui." "Pasti tragedi bersama orang lain ketika Anda mencintai mereka," katanya. "Saya pikir begitu," katanya. "Pokoknya ... Tidak apa-apa..." Kemudian dia tampak bahagia. "Jika Anda bahagia sekarang, tidak apa-apa," katanya.

Jika dia punya lebih banyak waktu, dia akan memberitahuku dengan penuh kerinduan ... Dia tidak menceritakan apa-apa, dia tidak bisa mengatakan apa-apa, seolah-olah dia baru bersama kemarin, tidak bertahun-tahun kemudian. Dengan cinta dan kerinduan selama bertahun-tahun, dia berkata, "Apa kabarmu?" "Aku baik-baik saja," katanya sambil berpikir. Mereka bertukar pandangan selama beberapa menit tanpa berbicara. Seolah-olah mereka telah setuju untuk tidak berbicara sama sekali. Mereka bahkan tidak merasakan kedatangan pelayan. Mereka dikejutkan oleh kata-kata pelayan, "Apa yang kamu dapatkan?" "Apa yang harus kita minum?" mereka berdua berkata bersama. Mereka tersenyum naif pada kebetulan ini. Kemudian mereka meminta kopi hitam ...

Mereka tidak bisa berbicara tentang apa yang ingin mereka bicarakan. Mereka tersenyum polos ketika mereka terus melakukan kontak mata. Seolah-olah dia memiliki sesuatu untuk dikatakan dan lebih memilih untuk tetap diam. "Bisakah kerinduan bertahun-tahun dipadamkan dalam beberapa menit?" pikirnya. Namun dia baru saja berlatih malam ini, pemikiran apa yang dia rencanakan untuk dibagikan. Dia tidak bisa. Dia hanya diam dan mengawasinya untuk waktu yang lama. Dia menghafal setiap tindakannya.

Baru beberapa menit sejak kami bertemu. Setelah tatapan panjang, kata-kata kerinduan yang telah mereka kemas dalam tiga puluh enam tahun jatuh dari bibir mereka: "Sungguh tiga puluh enam tahun?.. Seumur hidup ..." Dia berkata, menatap matanya. Mereka terdiam lagi. "Van ... Kamu... Dan tiga puluh enam tahun ..." Dia berkata lagi. "Aku mengerti," katanya tanpa melakukan kontak mata. "Tapi itu bukan salahku," katanya sambil tersenyum. "Aku tahu," katanya, dengan tatapan penuh kesedihan. "Meskipun bertahun-tahun telah berlalu, dia tidak kehilangan tatapan polosnya," pikirnya sambil menatap matanya.

"Dia tidak tahu betapa ajaibnya aku mencintainya. Mungkin dia melihatnya sebagai sesuatu yang biasa. Dan dia benar. Hampir semua orang yang mengenalnya mencintainya. Dengan cara yang berbeda, tentu saja, tetapi entah bagaimana dia menyukainya. Tidak mungkin seseorang yang sudah mengenalnya sedikit untuk acuh tak acuh padanya dan memperlakukannya seperti orang biasa. Tapi apa yang bisa saya lakukan? Saya tidak bisa menjelaskannya. Kebosanan karena tidak bisa menjelaskan meningkatkan kesibukan dalam diri saya berkali-kali lipat. Jika saya mengatakan, 'Aku paling mencintaimu!' Aku akan berkata, 'Aku paling mencintaimu, dan di tempat pertama! Lebih dari siapa pun! Paling! En!' Apa yang paling banyak? Jika dia tahu apa yang terjadi di dalam diri saya, dia akan berlari dan memeluk leher saya. Tapi dia hanya tahu sebanyak yang bisa kukatakan. Sejauh yang saya tahu, apa yang bisa dilakukan? Kamu bisa minum kopi, mungkin ..." Dia berpikir, tetapi tidak bisa mengatakannya. Dia berjuang dengan kata-kata, ada perang kata-kata di otaknya. Berkecamuk. Dia marah pada dirinya sendiri ketika dia berpikir bahwa dia memiliki perasaan yang sama setiap kali dia melihatnya selama bertahun-tahun. "Apakah ini pertama kalinya aku memiliki perasaan ini?" katanya pada dirinya sendiri.

Setelah jeda yang lama, dia berkata, "Kamu tahu, aku sudah lama mencoba menghubungimu. Anda tidak akan percaya jika saya memberi tahu Anda bahwa saya menghabiskan seumur hidup untuk mencoba menjangkau Anda."

Seolah-olah mereka akan memuaskan kerinduan bertahun-tahun dalam hitungan jam. Seolah-olah sungai Tigris dan Efrat bertemu satu sama lain. "Ini seperti mimpi," pikirnya. Dia akan memberi tahu saya apa yang dia pikirkan dan apa yang telah dia kumpulkan selama bertahun-tahun, tetapi dia tidak bisa. Dia berkeringat di depannya dalam kesusahan karena tidak bisa mengatakannya. Itu adalah keheningan, seolah-olah mengalami tahun-tahun yang tidak dijalani; lembut, lemah lembut dan tenang. "Saya minum kopi setiap hari," katanya. "Tapi aku tidak memiliki kebiasaan seperti itu," pikirnya dalam hati, tetapi dia tidak bisa mengatakannya. "Jika dia mengatakan sesuatu, seolah-olah misteri reuni akan hilang," pikirnya. "Apakah kebetulan kita bertemu setelah bertahun-tahun?" tanyanya. "Tidak, itu kehendak Tuhan," katanya, dan mereka terdiam beberapa saat. Jika mereka membiarkannya pergi, dia akan menceritakan tentang tahun-tahun yang dia habiskan tanpanya, betapa dia mencintainya, Van, Yalova, Adana; Singkatnya, dia akan menggambarkan kehidupan yang belum dijalani. Dia akan berkata, "Aku melewati semua ini karena kamu," tetapi dia tidak bisa. Berhenti.

"Aku sama sekali tidak bahagia setelah aku meninggalkanmu. Bertahun-tahun ini telah dihabiskan untuk memikirkanmu, merasakanmu, dan aku telah menunggu momen ini selama bertahun-tahun," katanya dengan ekspresi malu. Saat dia tetap diam, dia melanjutkan: "Tahukah Anda berapa kali saya telah ke Adana selama bertahun-tahun, berapa kali saya telah ke Yalova, berapa kali saya meninggalkan feri itu dengan menonton Yalova?" katanya dengan penuh kasih sayangnya. "Bagaimana saya tahu sampai saya tidak berhadapan?" katanya. "Kamu benar," kata pria itu. Bagaimana dia tahu berapa kali dia menangis untuknya, berapa kali dia menghabiskan tahun-tahun dengan mengucapkan 'amin' pada doa yang tidak akan terjadi? "Selama bertahun-tahun, saya terus memberi tahu orang-orang yang tidak mengenal Anda tentang Anda. Aku bahkan membiarkan hatiku berdarah ketika aku memberitahumu tentangmu, dan sekarang kamu bersamaku, dan sekarang kamu telah membawa kembali kepadaku semua tahun-tahunku yang hilang." Dia mengangguk seolah-olah dia telah menunggu hari ini. "Apakah kamu sangat bahagia?" tanyanya. "Tidak ada kata-kata untuk menggambarkannya," katanya. "Kalau begitu mari kita bicara tentang hal-hal baik," katanya sambil tersenyum.

Ketika mereka minum kopi, dia menutup cangkirnya. "Apakah kamu akan meramal?" kata pria itu dengan heran. "Tidak. Itu kebiasaan," katanya. "Aku ingin tahu kebiasaan apa lagi yang dia miliki?" pikirnya. Mereka bertukar pandangan dengan kerinduan bertahun-tahun. Jika mereka melepaskannya, emosi mereka akan membanjiri, dan jika mereka menyentuhnya, mereka akan menangis. Jelas bahwa dia berduka selama bertahun-tahun yang berlalu, tetapi dia berjuang dengan dirinya sendiri untuk waktu yang lama untuk tidak menunjukkannya. Setelah lama terdiam, dia berkata, "Saya belum pernah menikah, saya telah mencoba beberapa kali, tetapi itu tidak berhasil. Ini takdir atau pemeliharaan Tuhan." Pada saat itu, ketika mereka melakukan kontak mata, pria itu berpikir, "Apa yang terjadi ketika saya menikah?" Kemudian mereka berbicara panjang lebar tentang Van. Mereka berkata, "Itu adalah hari-hari yang baik" dan mereka tenggelam dalam percakapan panjang di mana kata-kata Sevengül, Sabri, Deniz, Semiramis, tiga puluh enam tahun, Adana, Yalova, dan Kesepian banyak disebutkan. Waktu mengalir seperti air. "Sudah larut, haruskah kita bangun?" katanya. Dia akan senang untuk tinggal, tetapi dia tidak bersikeras pada kencan pertama ini. Mereka bangkit. Mereka berjalan sebentar di Özal Boulevard tanpa berbicara dan pergi. Seolah-olah mereka senang pergi. Mereka sangat senang sehingga mereka berjanji untuk bertemu lagi. Dia naik minibus, hatinya hampir tertawa kegirangan. Dia melihat pesan di telepon. Pesan itu datang darinya: "Aku sangat keren ketika aku bersamamu. Aku sayang sekali sama kamu. Saya harap akan selalu berlanjut seperti ini." Dia turun dari minibus. Rumah itu agak jauh. Hujan turun begitu deras sehingga basah kuyup sepanjang perjalanan pulang. Dia tidak terburu-buru untuk pulang. Seolah-olah dia menentang hujan saat dia memikirkannya. Dia juga menyukai hujan. Ketika dia sampai di rumah, kesepian menyelimutinya lagi, dan tiba-tiba telepon berdering. Dia adalah satu-satunya yang memanggil. Sekali lagi, dia tidak bisa menghentikan detak jantungnya. Kegembiraannya luar biasa. Dia mengangkat telepon. "Halo," katanya gembira. "Halo," katanya. Mereka berbicara untuk waktu yang lama. Mereka berbicara selama berjam-jam tentang apa yang tidak bisa mereka bicarakan secara langsung, dan akhirnya setuju untuk bertemu keesokan harinya.

Sekali lagi, dalam kesendirian, dia memulai malam, memikirkannya. Dan dia senang memikirkannya. Mereka mengirim pesan hingga larut malam. Mereka dengan bebas menuliskan pikiran mereka satu sama lain, yang tidak dapat mereka bagikan selama bertahun-tahun, dan yang tidak punya waktu untuk berbagi. Dia mulai lebih mencintainya. Saat dia mengucapkan selamat tinggal untuk tidur di pagi hari, dia berkata, "Aku sangat bahagia! Saya senang Anda datang, saya senang Anda ada di sini. Aku tidak mengatakan aku mencintaimu, aku sangat mencintaimu!" Bertahun-tahun kemudian, dia sangat senang mendengarnya sehingga untuk pertama kalinya dia tidak bisa tidur dengan bahagia. Dengan panggilan pagi untuk berdoa, dia tertidur sekali lagi.

Mereka bertemu sekitar pukul dua belas. Ketika mereka bertemu, mereka saling berpelukan untuk pertama kalinya. "Betapa panasnya itu," pikirnya. Selama bertahun-tahun, dia pikir dia tidak menyesal mencintainya. Setelah bertanya tentang hal itu, dia bertanya, "Haruskah kita makan?" "Tidak apa-apa," katanya. Itu adalah pertama kalinya mereka akan makan bersama. Mereka memilih restoran yang bagus dan menyuruh mereka memakannya. Cuacanya sejuk. "Apakah kamu kedinginan?" kata pria itu dengan suara rendah. "Tidak. Aku sangat mencintaimu!" katanya bersemangat. "Aku juga mencintaimu!" kata pria itu, menatap matanya. Dia mendengar kalimat yang telah dia tunggu-tunggu selama tiga puluh enam tahun, ketika dia tidak mengharapkannya. Seolah-olah ada revolusi dalam jiwanya. Seolah-olah dunia telah berhenti. Dia ingin bangun dan menciumnya, tetapi dia tidak bisa. Bagaimanapun, dia mendengar apa yang ingin dia dengar. Dia mengalami emosi sedemikian rupa sehingga mereka terdiam selama beberapa menit. "Kami tidak sering bertemu, keluarga saya tidak akan mengizinkan saya," katanya. "Jadi, biarlah, aku akan puas denganmu kapan pun kamu mau," katanya sedih.

Mereka tersenyum setiap kali mereka melakukan kontak mata. Mereka merasa seperti telah mencapai hal yang mustahil. "Apakah kamu akan selalu diam seperti ini? Saya pikir dia akan banyak bicara, untuk memberi tahu saya banyak hal," katanya tadi malam. "Dia tidak tahu apa yang aku pikirkan, apa yang akan kubicarakan," pikirnya, merasakan bibirnya bergetar.

Ketika dia meminta izin untuk bangun, dia berkata, "Jika kita akan bertemu besok, tidak apa-apa." Wanita itu tersenyum dan berkata, "Kamu sudah aman." Mereka tertawa. Dia merasakannya gemetar saat dia memegang tangannya saat dia mengucapkan selamat tinggal. Menyadari hal ini, wanita itu hanya berkata, "Dia tersenyum." Dia menatapku untuk waktu yang lama saat dia pergi.

Dalam perjalanan pulang, dia tidak bisa menahan desakan seorang wanita yang melihat keberuntungan di jalan. Dia mengirim pesan kepadanya apa yang dikatakan peramal itu. Dia juga terkejut dengan apa yang dikatakan peramal itu. "Saya harap semuanya akan baik-baik saja," katanya. Malam itu adalah malam yang baik. Memikirkannya untuk pertama kalinya dalam bertahun-tahun, dia tidur tidak penuh kerinduan tetapi bahagia.

Mereka terus sering bertemu. Dia berharap pada dirinya sendiri bahwa hidupnya akan kembali ke jalurnya, bahwa dia akan mengalami cinta yang dia rindukan selama bertahun-tahun, bahwa dia akan menyingkirkan kesepian.

Mereka pergi ke kafe lain selain yang selalu mereka kunjungi. Dia menginginkannya. Seperti biasa, mereka meminta kopi hitam. Mereka bertukar pandangan sambil menyeruput kopi mereka; Seolah-olah mereka menjalani masa remaja mereka. "Puncak dari cinta kekanak-kanakan, murni dan murni," pikirnya. Dia tidak akan percaya jika dia memimpikan semua ini, tetapi itu nyata. Dia berada di depan wanita yang dia cintai dan tunggu-tunggu selama tiga puluh enam tahun, yang telah dia duka, dan dia telah memeluk dan menciumnya hanya beberapa hari sebelumnya. Dia bersyukur atas hidup karena melalui semua ini. Dia akan berkata, "Maukah kamu menikah denganku?" dan dia tidak bisa. Dia tersipu dan malu tanpa masuk akal. "Untuk saat ini, cukup bertemu dengannya, bersamanya," pikirnya, tetapi dia masih tidak bisa; Dia menatapnya untuk waktu yang lama dan berkata, "Maukah kamu menikah denganku?" Awalnya dia diam, lalu dia berkata, "Jika itu menentukan, itu akan terjadi."

Bertemu bertahun-tahun kemudian dan diam selama beberapa menit, pergi ke masa lalu saat Anda diam, menderita saat pergi ke masa lalu... Dia tidak punya waktu untuk menggambarkan penderitaannya, dia tampak menggeliat kesakitan; rasa sakit dari kegembiraan bertemu setelah bertahun-tahun. "Sukacita memiliki rasa sakit," pikirnya. Berhenti...

Berapa kali mereka bertemu, berapa kali mereka saling mengatakan bahwa mereka bahagia? Pertemuan kadang-kadang pada interval yang panjang, kadang-kadang sering. Pertemuan-pertemuan ini tidak lagi cukup. Dia tidak pernah ingin membuatnya bosan atau kesal. Dia bahkan tidak ingin memikirkan kemungkinan kehilangannya bertahun-tahun kemudian ketika dia menemukannya. Melihat kembali apa yang telah terjadi dalam dua tahun terakhir, dia berpikir bahwa dia telah menjalani hari-hari yang sangat bahagia. Mengalami kebahagiaan dan kedamaian saja bukanlah perasaan yang harus dialami. Dia ingin berbagi kebahagiaan ini dengan seseorang, tetapi tidak ada orang seperti itu bersamanya. Dia mengakui bahwa merasa kesepian tidak selalu merupakan perasaan yang baik. Mereka akan bertemu dalam satu jam di Demirel Café. Dia pergi ke sana sejak lama. Dia duduk di meja yang sama. Ketika pelayan bertanya, "Apa yang akan Anda beli?", dia berkata, "Teman saya akan datang, kami akan memesan ketika dia datang." Sekali lagi dia sering melihat ke pintu, sekali lagi dia tidak mengalihkan pandangannya dari jalan. Saat dia menunda, dia menjadi gelisah, dan mengalami kebencian kekanak-kanakan di dunia batinnya. Untuk pertama kalinya, sudah larut. Dia senang melihatnya tiba dari jauh pada saat dia pikir dia tidak akan datang. Itu tidak cocok di dalam. Dia menyapanya sambil berdiri. Dia mengulurkan tangannya, tetapi tiba-tiba bibirnya menjangkau pipinya. Dengan malu-malu, dia berkata, "Kamu berhasil berciuman lagi." "Jika Anda tidak nyaman, itu tidak akan terjadi lagi," katanya. "Tidak, tidak apa-apa," katanya.

Begitu dia duduk, dia tertawa ketika dia berkata kepada pelayan, "Dua kopi hitam." "Anda telah belajar," katanya. "Ya," jawabnya, "Pada waktunya, saya akan belajar lebih banyak sewaktu saya hidup bersama." Saat mereka minum kopi, dia bertanya, "Apakah pikiranmu tentang aku jelas?" "Pertanyaan macam apa itu? Itu adalah kejelasan tiga puluh enam tahun. Aku sangat mencintaimu, dan aku sangat mencintaimu!" dan jantungnya berdebar lebih cepat dan wajahnya memerah. "Kau juga tahu perasaanku. Aku sangat mencintaimu!" katanya. Mereka terdiam lagi ... Sekali lagi, mereka bertukar pandangan panjang. Ketika dia menyesap kopi terakhir, dia berkata, "Aku akan pergi ke Ayla besok." "Siapa Ayla?" kata pria itu. "Ini adalah film," katanya. "Dan mengapa Ayla?" kata pria itu. "Ini akan mengingatkan saya pada ayah saya," katanya. Dia tidak bisa menahan air matanya ketika dia mendengar penyebutan ayahnya. Mereka tidak memperpanjang masalah. Dengan semua keberanian untuk keluar dari momen menyedihkan ini, dia berkata, "Karena kita akan menikah, lalu mari kita lihat rumahnya?" katanya, tersenyum, untuk mengukur reaksinya. "Saya menemukan sebuah rumah, dan jika Anda menyukainya, kami akan membelinya," katanya. "Maka terserah saya untuk membayar," katanya. Mereka tertawa ... Mereka memesan teh dan berbicara tentang pernikahan untuk pertama kalinya. "Seperti apa pernikahan kita setelah begitu banyak perpisahan?" mereka bertanya satu sama lain. Mereka setuju bahwa itu akan baik-baik saja. Melakukan kontak mata untuk pertama kalinya, dia berkata, "Apakah kamu sangat merindukanku?" "Sangat," kata pria itu. "Maukah kamu merindukanku ketika kamu menikah?" katanya. "Banyak," katanya. Jelas dari matanya bahwa dia sangat senang dengan kata-kata ini. Setelah mereka selesai minum kopi, mereka keluar untuk melihat rumah. Ketika mereka melihat ke rumah itu, dia berkata, "Anda tahu, saya sangat emosional melihat rumah itu." Dia sangat senang dengan kata-kata ini, tetapi dia tidak mengatakan apa-apa. Setelah beberapa saat, dia berkata, "Kamu harus yakin bahwa aku akan membuatmu sangat bahagia. Tanyakan padaku bagaimana rasanya bersatu kembali denganmu setelah tiga puluh enam tahun." Ketika dia mengatakan kepadanya bahwa dia harus pergi, berpikir bahwa dia terlambat, dia tidak keberatan sama sekali. "Biarkan itu seperti yang Anda inginkan," katanya. Saat dia mengucapkan selamat tinggal, lututnya gemetar saat bibirnya menyentuh bibirnya.

Mereka tidak bertemu satu sama lain selama seminggu setelah hari mereka melihat rumah. Sepertinya ada masalah. Dia menelepon dan mengirim pesan berkali-kali, tetapi tidak menerima tanggapan. Dia tidak bisa memahami apa yang sedang terjadi. Dia merasa sedih dan tidak bisa tidur memikirkannya. Tidak ada yang bisa dia lakukan. Dia menunggu tanpa daya. Jumat berikutnya, sekitar pukul sepuluh, teleponnya berdering, dan dia melihatnya, dan dia berkata, "Halo." Dia tidak sabar, "Kemana kamu sudah berhari-hari? Saya pecah karena penasaran," kata pria itu. Dengan suara berlinang air mata, dia berkata, "Saya mengangkat masalah ini kepada keluarga saya. Ini tidak seperti itu akan terjadi. Jaga diri. Jangan menelepon saya lagi," katanya, dan menutup telepon. Dia tidak percaya apa yang terjadi, dia menelepon beberapa kali lagi, dia tidak mengangkat telepon. "Luar biasa.. Apakah itu mimpi yang telah kita jalani selama berbulan-bulan? Tapi mimpi tidak bisa bertahan selama berbulan-bulan," pikirnya. Dia berkeliaran di sepanjang jalan bendungan selama berhari-hari, untuk menemuinya. Itu tidak ada lagi! Dia memikirkannya selama berhari-hari dan akhirnya memutuskan untuk meninggalkan Adana; Dia mengumumkan keputusannya melalui pesan, kepada wanita yang telah bersatu kembali dengannya setelah tiga puluh enam tahun dan berpisah tanpa alasan beberapa bulan kemudian: "Apa yang bisa dilakukan di Adana jika kamu tidak ada di sana? Saya pergi. Biarlah itu milikmu, Adana."

Dia meninggalkan Adana dengan pesawat pertama. Dia sangat kesakitan sehingga dia berpikir, "Saya berharap pesawat itu jatuh dan penderitaan ini akan berakhir." Kemudian dia malu berpikir demikian. Dia marah pada dirinya sendiri karena memikirkan hal ini ketika orang-orang yang tidak bersalah dan tidak berdosa seperti itu bukan karena kesalahannya sendiri. Dia tidak bisa menahan air matanya saat dia memikirkannya di langit. Ketika orang di sebelahnya melihat bahwa dia menangis, dia menatapnya dengan kasihan tanpa mengatakan apa-apa. Siapa tahu, mungkin dia berpikir, "Mengapa orang seusia ini menangis?"

Dia kembali ke Edirne untuk hidup baru. Edirne, tempat dia menghabiskan bertahun-tahun, adalah tempat perlindungan baginya. Itu adalah kehidupan yang tidak terlihat dan tidak terlihat, tetapi dia punya banyak alasan untuk berlindung. Dia mulai melakukan olahraga paginya lagi, mengatur hidupnya. Saat dia mulai terlibat dalam kehidupan sosial, teleponnya berdering pada suatu malam. Dia membuka ponselnya tanpa tahu dari siapa itu karena dia menghapus nomor teleponnya. Dia adalah satu-satunya yang memanggil. Setelah bertukar salam, dia bertanya, "Saya akan meyakinkan keluarga saya, maukah Anda datang lagi?" Tanpa mengatakan apa-apa dan tanpa bertanya, dia berkata, "Oke." Setelah dia menutup telepon, dia membayangkan kehidupan yang akan dia jalani bersamanya. Bahkan mimpi itu membuatnya bahagia. Untuk pertama kalinya dalam beberapa hari, dia tidur nyenyak.

Dari jauh, mereka memenuhi kerinduan mereka dengan berbicara dan berkorespondensi selama berjam-jam setiap hari. Meskipun dia tidak bisa memahami apa yang terjadi, dia damai. Ketenangan pikiran ini juga mempengaruhi kehidupan sehari-harinya. Bahkan teman-temannya, yang tidak menyadari apa yang sedang terjadi, mengamati perubahan ini dalam dirinya dan mengucapkan selamat kepadanya.

Saat itu hari Jumat. Ada badai di Edirne yang luar biasa. Dia akan pergi, dia ragu-ragu. "Aku harus pergi," pikirnya. Mereka sering berbicara di sepanjang jalan. Pada usia ini, mereka seperti kekasih sekolah menengah. "Anda tahu, itu adalah berkat dari Tuhan bahwa Anda belum menikah sampai hari ini," katanya di telepon. "Takdir," katanya pelan. "Apakah kamu tahu apa yang kupikirkan pada hari pertama aku bertemu denganmu?" katanya. "Bagaimana saya tahu?" katanya. "Ketika saya pertama kali melihat Anda, saya merasa seperti seseorang kehilangan sesuatu yang berharga dan bahagia ketika dia menemukannya beberapa hari kemudian," katanya. "Terima kasih atas perasaan Anda," katanya. Setelah hening beberapa saat, dia berkata, "Apakah menurutmu aku akan menyerah padamu?" "Entahlah... Setelah peristiwa baru-baru ini ..." Dia berkata dengan suara malu. Dia berkata, "Saya tidak akan pernah menyerah pada Anda, insya Allah, kami akan selalu bahagia, jika saya tidak percaya pada ini, saya tidak akan memanggil Anda." Perasaan harapan, cinta, rasa hormat, mimpi, kebenaran, kebohongan bertarung di otaknya.

Ketika dia tiba di Adana, dia disambut oleh hari yang cerah. Itu adalah Adana yang dia kenal. Dia pulang, mandi, bercukur, mengirim pesan: "Selamat pagi. Aku kembali. Aku sangat mencintaimu!" Dia menulis: "Selamat pagi. Selamat datang, sayangku. Aku juga sangat mencintaimu! Aku sangat merindukanmu." Beberapa saat kemudian, dia mengirim pesan lain, mengatakan, "Mari kita bertemu hari ini jam satu di Demirel."

Dia pergi setidaknya setengah jam sebelum waktu pertemuan. Saat dia menunggunya, dia memikirkan kembali tiga puluh enam tahun, dia memikirkan hidupnya yang telah hilang, dia berpikir, "Ini seperti mimpi." Ketika dia melihatnya datang dari arah yang berlawanan, dia menyadari betapa dia merindukan dan mencintainya. Sekali lagi dia menyambutku sambil berdiri. Untuk pertama kalinya, bibir mereka bersentuhan. Itu terbukti dari cara mereka merindukan satu sama lain; Kedua kaki mereka gemetar. Sekali lagi mereka mengatakan "Kopi", sekali lagi mereka mengatakan "Polos".

"Saya sebenarnya memiliki jadwal dengan ibu saya hari ini, tetapi saya ingin menciptakan sedikit waktu karena saya merindukanmu," katanya. "Terima kasih!" kata pria itu. Mereka tidak bisa berbicara banyak dalam waktu singkat ini, dan ketika mereka kehabisan kopi, mereka bangkit, untuk bertemu lagi.

Hari itu dia pergi ke rumah yang baru saja dibelinya. Dia sangat menyukai rumah itu. Dia ingin berbagi kegembiraannya dengannya, dia menulis apa yang datang darinya di layar ponsel: "Beberapa cinta itu seperti doa. Begitulah cintaku padamu," tulisnya. "Aku tahu," jawabnya.

Pada malam 26 Februari, dia menerima pesan yang membuatnya patah hati: "Saya kehilangan ayah saya," katanya. "Maafkan aku! Saya berharap saya bisa bersama Anda dan berbagi rasa sakit Anda," jawab pria itu. "Aku tahu. Kamu ada di sisiku dan di hatiku. Terima kasih!" tulisnya.

Sudah setahun sejak kami mulai bertemu. Kadang-kadang mereka bertemu empat hari seminggu, kadang-kadang satu hari. Sekali lagi, itu adalah hari wawancara yang singkat. Wanita itu tidak keberatan ketika saya mengatakan kepadanya bahwa dia memiliki sedikit waktu karena banyaknya pekerjaan dan tanggung jawab keluarganya. "Biarlah seperti yang kamu inginkan," katanya getir. Dalam pertemuan singkat ini, mereka memutuskan hari pernikahan dan bulan madu. Mereka berdua sangat bahagia. Mereka minum kopi mereka dan mengatakan mereka akan sangat bahagia. Saat dia pergi, dia berkata, "Aku sangat mencintaimu!" Sebagai tanggapan, dia berkata, "Aku akan selalu mencintaimu juga."

Seminggu kemudian, pada hari Jumat yang lain, sekitar jam satu lagi, kafe yang sama, meja yang sama, pelayan yang sama, kopi hitam yang sama. Setelah menunggu dalam diam, dia berkata, "Besok kita akan pergi ke dataran tinggi, lalu saya akan pergi ke laut dari sana. Mungkin kita tidak akan bertemu untuk waktu yang lama," katanya. Pria itu tidak tahu harus berkata apa untuk sementara waktu, lalu tanpa sadar berkata, "Sesuai keinginanmu." Marah. Seolah-olah ini adalah pertemuan terakhir mereka. Otak dan hatinya memberontak. Dia tidak dapat menemukan apa-apa untuk dikatakan, ingatannya sepertinya hilang. Dia lupa semua bahasa yang dia tahu. Dia membakar alfabet di otaknya. Berhenti... Berhenti... Berhenti. "Haruskah kita bangun?" katanya. "Itu akan berhasil," kata pria itu, tanpa sadar.

"*Mari kita ucapkan selamat tinggal tetapi tidak berciuman*," katanya. "*Sesuai keinginanmu*," kata pria itu. Mereka mengucapkan selamat tinggal secara normal, saling berpelukan dan pergi. Otaknya berdenyut kesakitan. Dia berjuang dengan dirinya sendiri; Di otak hatinya, "*Betapa rimangnya kamu!*" pikirnya. Sebuah bioskop didirikan di otaknya, film paling dramatis tahun ini sedang diputar, dan seolah-olah film itu telah berakhir. Itu akan dihancurkan sekali lagi, dan itu akan menjadi sangat sunyi. Mengapa dia berpikir seperti itu ketika tidak ada apa-apa di sana? "Ada sesuatu yang terjadi," pikirnya. Dia tidak perlu bertanya. Jimat cinta ini rusak. Dengan perasaan campur aduk, mereka berjalan sedikit dengan berjalan kaki sampai ke halte minibus. Dia berkeringat karena kebosanan, dengan intensitas emosi dan dengan efek panas Adana. Dia sangat berkeringat sehingga tampak seperti mengenakan kemeja basah. Dia terhuyung-huyung saat melangkah untuk naik bus. Mereka yang melihatnya sedikit panik.

Seiring waktu, semuanya dilupakan, tetapi rasa sakit kecil ditempatkan di hatinya pada waktu yang terlalu dini. Perasaan tidak stabil yang disebut cinta tercermin dalam mata dari hati; Itu tidak melintasi jalan setapak. Suara di sisi lain mencoba mengatakan semuanya dalam satu gerakan; Dia bilang dia selalu mengingatnya dengan baik, dia memikirkannya dengan baik. Harapan bodoh memenuhi hatinya...

Kami masih berada di hati masing-masing seperti sedimen yang terbentuk di dasar cangkir teh, sedimen yang tidak keluar meskipun dicuci. Kalimat Anda dikombinasikan dengan kebencian karena tidak bisa jatuh cinta lagi selama ini. Bahkan jika Anda tidak memiliki harapan, itu bisa seperti menyapa Anda dengan salam lagi. Anda berangkat tanpa harapan... Waktu sepertinya tidak berlalu; Jalan-jalan semakin panjang ... Kalimat-kalimat berputar-putar di otak Anda. Salam hangat menyambut Anda. Kerumunan Adana sepertinya menembus Anda. Meskipun Jalan Bendungan masih merupakan jalan bendungan lama, Anda bukan lagi orang yang sama. Seolah-olah Anda sedang berjalan dengan teman yang belum pernah Anda temui selama bertahun-tahun, seberapa dekat dan seberapa jauh orang di sebelah Anda ... Hidup Anda penuh dengan urusan yang belum selesai, orang di depan Anda sudah setengah jalan, berbicara tentang rencana masa depannya. Dia mengatakan dia sedang mengalami sesuatu yang serius. "Bagaimana jika" sedang melewati Anda. Anda berkata, "Apakah dia mengada-ada, karena dia takut marah lagi?" "Apa yang perlu ditakuti?" kata suara yang berada di sebelah dan jauh. "Benarkah?" katamu. "Nah, apakah dia tahu kamu ada di sini?" katanya, menatap diam-diam ke wajahmu. Dia menatapku seolah-olah berkata, "Tidak." "Apakah saya mengalami hal yang sama?", "Tidak! Tidak pernah! Aku tidak pernah berbohong padamu!" "Jadi Anda bisa memberitahunya," kata Anda. Anda mencari alasan kecil untuk merasa baik, tetapi Anda tidak dapat menemukan alasan untuk menjadi baik. Anda merasa bahwa Anda tidak memiliki hak untuk mengecewakan seseorang yang tidak Anda kenal karena alasan apa pun. Anda tidak dapat memikirkan apa pun selain "Saya berharap Anda memberi tahu saya". Anda hanya senang bahwa masih ada seseorang yang mencintai Anda. Anda bisa mengatakan, "Ayo bangun." Anda berjalan di jalan yang sama, kali ini dengan kebencian. Menyaksikan kerumunan menunda kesedihan Anda. Anda dapat mengatakan, "Saya tidak akan menelepon Anda lagi." Dia tahu persis apa yang Anda maksud, dan dia tahu apa yang tidak akan Anda cari.

Anda ingin meninggalkannya sesegera mungkin, tetapi Anda dapat melihat cinta di matanya. Anda hampir tidak melemparkan diri ke bus. Seseorang menghampiri Anda, seolah-olah seseorang telah ditugaskan pada saat itu. Dia hanya duduk di sebelah Anda tanpa menyapa atau apa pun. "Apakah itu kekasihmu?" katanya. Anda berkata, "Tidak." "Kamu terlihat sangat baik, kupikir kamu sayang," katanya. "Diam!" Anda berkata pada diri sendiri. Maka Anda tidak peduli, Anda mulai berbicara karena Anda menghindari berpikir. Anda berkata, "Kami putus tiga puluh enam tahun yang lalu." Dia berbicara untuk dirinya sendiri, Anda katakan sendiri. Anda tidak peduli dengan orang-orang di sekitar yang mendengar Anda. Dia mendengarkan musik, memberi Anda headset, dan membuat Anda sibuk. Anda menyembunyikan air mata di mata Anda, tetapi Anda hidup di tahun 1982 dalam rasa sakit yang tak terlukiskan.

Adana panas dan lelah, dan hatinya lelah. Dia telah melalui begitu banyak hal dalam dua tahun. Semakin bahagia dia, semakin dia menderita. Ternyata betapa dia telah menginternalisasi rasa sakit dan kebahagiaan dalam enam puluh tahun. "Jika mereka mengenai timbangan, rasa sakitnya akan lebih besar daripada mereka," pikirnya. Dia meninggalkan kehidupan sehari-harinya tanpa tujuan selama berhari-hari, berkeliaran tanpa tujuan di jalan-jalan Adana, yang dia cintai. Dia berkeliaran di sekitar Adana selama berhari-hari seperti orang yang mencari apa yang hilang di tengah keramaian. Dia sangat kesakitan sehingga jantung dan otaknya tidak bisa muat di mana pun.

Dia mengalami kesulitan melupakan semua yang telah terjadi. Kalah dalam pertempuran dengan dirinya sendiri, dia memutuskan untuk mencari dukungan psikologis.

Psikolog bertanya, "Apa alasan yang membawamu kepadaku?" Dia memberi tahu saya apa yang akan dia katakan kepada saya dalam satu gerakan, jantungnya berdarah. Dia menangis, mereka menunggu beberapa saat. Psikolog menawarkan air. "Pernahkah Anda berpikir untuk bunuh diri?" tanya psikolog. Hidup adalah hal yang baik; Selain itu, saya punya seorang putri. Aku tidak bisa meninggalkannya." Psikolog berkata, "Saya tidak bisa menerima apa yang Anda alami. Artinya, enam puluh tahun hati tidak dapat menahannya; Bagaimana Anda menahannya?" Berhadapan mata sejenak, dia berkata, "Takdir." "Saya tahu bahwa apa yang disebut takdir adalah pilihan yang kita buat," kata psikolog itu. "Saya tidak hidup dengan baik dengan pilihan yang buruk," katanya.

Psikolog berkata, "Anda tahu apa; Mereka yang datang kepada kami tidak sakit. Orang-orang yang dibuat sakit oleh orang-orang yang terganggu secara psikologis," katanya, dan melanjutkan: "Apakah Anda masih akan datang kepada saya jika Anda tidak memiliki masalah ini dengannya?" Tanggapan pria itu tegas: "Saya rasa tidak." Tidak terkejut dengan tanggapan itu, psikolog berkata, "Apa yang Anda rencanakan selanjutnya?" "Saya ingin menulis tentang apa yang saya alami," katanya. "Anda melakukannya dengan baik, tetapi Anda akan sangat menderita ketika Anda menulis. Sudah pasti Anda akan mengalami beberapa masalah saat menulis. Anda tidak pernah tahu, Anda bahkan bisa menemui jalan buntu," katanya. "Ada kematian. Dan sebelum dia menemukanku, aku harus menuliskan apa yang telah terjadi padaku, apa yang telah aku sembunyikan di dalam hatiku."

Psikolog berkata, "Jika ada keajaiban yang akan membuat Anda menjadi diri lama, apakah yang Anda inginkan keajaiban itu?" Tanpa berpikir, dia berkata, "Saya berharap dia bisa berjalan melalui pintu ini dan tahu apa yang saya alami." Mereka berdua terdiam beberapa saat. "Aku tahu, agak sulit di usia ini," katanya setengah malu. Psikolog mengkonfirmasi kalimat ini dan mereka berpisah untuk bertemu ...

Seorang Wanita, Sebuah Drama, Sebuah Kehidupan

E

Vizi kami ada di jalan utama. Ini adalah rumah kecil. Kami adalah keluarga besar. Masa remaja saya. Ini sangat panas. Pada malam hari kami tidur di atap, di kelambu. Sudah menjadi kebiasaan untuk bangun sebelum matahari terbit. Ada aktivitas yang luar biasa di pagi hari. Beberapa pergi ke ladang, beberapa ke toko mereka, beberapa ke pasar tenaga kerja. Perjuangan tanpa akhir, perjuangan.

Kami memiliki sofa yang kami tarik di depan jendela. Itu terbuat dari kayu. Sampul bordir jahitan silang yang dipaku ayah saya, ibu saya meletakkan kasur katun dan menyulam mas kawin saudara perempuan saya sebagai penutup. Itu adalah tempat di mana kami menghembuskan napas pertama kami segera setelah kami bangun. Kami akan duduk di sana dan mengamati mereka yang datang dan pergi, apakah mereka mau atau tidak. Lanskap manusia di negara ini sangat banyak dan sangat berwarna.

Ada seorang wanita. Dia biasa melewati rumah kami pada waktu yang sama setiap hari. Dia akan memiliki Yaman hitam di kepalanya. Sama seperti pegawai negeri pergi ke pekerjaan mereka, itu hanya seperti itu. Dia berjalan cepat dengan tangan di sakunya, mengenakan shalwar yang longgar dan panjang, jilbabnya bergeser ke samping, kepalanya di depannya. Itu sangat ramping sehingga saya pikir itu akan tertiup angin jika angin kencang meniupnya. Meskipun aku tidak bisa melihat wajahnya dari kebalikan, aku akan merasakan kesedihan di wajah itu seolah-olah aku berada di depannya, dan aku tanpa sadar akan melihat di belakangnya sampai dia menghilang dari pandangan. Dia mengambil langkah cepat tanpa melihat sekeliling, seolah-olah dia memiliki akhir yang bahagia yang ingin dia capai. Saya tidak bisa tidak bertanya-tanya, "Apakah ini cara kerjanya setelah dia menghilang?" Saya akan berpikir, "Atau apakah dia menyadari saya sedang mengawasinya dan dia mempercepat?" Saya tidak mengerti, saya tidak bisa mengetahui kebenarannya. Dia pasti melihatku setiap hari dari sudut matanya. Wanita ini, yang pergi seolah-olah dia sedang terburu-buru, pasti memiliki cerita khusus. Saya dulu memikirkannya hampir setiap malam. Jelas, dia telah menahan badai yang keras dan sekarang dia melanjutkan hidupnya bahkan tanpa peduli dengan badai ini. Seolah-olah dia sendirian di bawah langit dan di atas bumi.

Dia berjalan di jalan yang sama dengan yang dia lalui dengan cepat di pagi hari, dan di malam hari dia berjalan kembali dengan langkah yang berat, lelah, dan kelelahan. Bahunya akan rendah, seolah-olah dia sedang memikul beban dunia. Dia tampaknya menanggung semua rasa sakitnya saat dia sampai ke matanya. Meskipun dia mencoba berjalan tegak, seolah-olah untuk menyembunyikan betapa dia hancur di bawah penyangkalan kehidupan yang dia hadapi, dia tidak bisa. Seolah-olah dia hidup di dunia satu orang. Seolah-olah dia membawa dunia di punggungnya. Seolah-olah dunia terus berbalik untuknya ...

Saya tidak tahu berapa bulan ini berlangsung. Tapi suatu hari saya tidak bisa melihatnya; Saya tidak memilikinya di pagi hari lagi. Saya mulai bangun lebih awal, berpikir, "Saya ingin tahu apakah itu akan lebih awal?" Sekali lagi, tidak ada. Saya penasaran dengan kisahnya. Saya memiliki banyak cerita tentang dia di kepala saya. Mungkin dia seorang ibu yang harus bekerja, mungkin dia seorang wanita yang pergi bersih, mungkin dia merawat anak-anak, mungkin dia membuat teh dan memasak di kantor. Saya berpikir, "Suaminya pasti kejam, kalau tidak mengapa dia tidak lari pulang di malam hari ketika dia berlari di pagi hari?" Jadi dia wanita yang tidak bahagia, sangat tidak bahagia." Saya selalu merasa kasihan pada wanita yang pergi cepat ketika mereka pergi jauh dari rumah dan lambat dalam perjalanan pulang. Ketika saya sendirian dan memikirkannya, saya merasakan sepotong hati saya terkoyak. Saya dulu berpikir, "Mengapa seorang wanita sedih, lelah, bosan dalam perjalanan pulang?"

Begitulah hari-hari berlalu. Saya sudah terbiasa sekarang. Jalan itu telah kosong pada saat itu selama beberapa hari. Karena penasaran dan keras kepala, saya akan bangun sebelum waktu itu dan menatap jalan. Itu tidak ada dan itu tidak akan terjadi lagi. Saya mulai berpikir, "Mungkin dia bosan berjalan di jalan yang sama setiap hari, dia mengambil rute yang berbeda." Saya mencoba melupakan...

Saya tidak bisa menolak, saya bertanya kepada beberapa tetangga. Tidak ada yang memiliki informasi apa pun. Bagaimana mungkin tidak ada yang mengenalnya. Suatu hari, seorang tetangga dan saya pergi ke seorang kerabat yang tinggal di lingkungan lain, teh tiba, minuman dibagikan, dan ada ketukan di pintu. Tetangga tuan tanah datang. Saya melihat wanita yang jalannya saya perhatikan setiap pagi.

Dia berkata kepada pemilik rumah, "Apa kabarmu? Saya harap Anda menjadi lebih baik." Wanita itu, yang telah dirawat di rumah sakit selama berbulan-bulan, ingin bunuh diri tetapi tidak bisa. Dia dirawat. Dia muntah karena perutnya sensitif. Dia tidak bisa mati. Di luar tubuhnya, yang tampak begitu tenang dan kelelahan, orang bisa membaca kesedihan yang mengalir dari matanya dan badai yang tak tertahankan di dalam dirinya. Di masa mudanya, dia mencintai salah satu desanya sendiri. Dia hamil oleh orang yang dia cintai, orang yang dia cintai tidak menerima dan meninggalkannya. Keluarganya menolak, dan dia melarikan diri dari rumah. Dia melahirkan anaknya dan menyerahkannya untuk diadopsi. Kemudian dia menjadi seorang wanita yang terombang-ambing melalui hidup sendirian, tinggal di daerah kumuh itu dengan dua mata bekerja di rumah dengan dua mata, bekerja sehari-hari.

Dia mencari putrinya selama bertahun-tahun, tetapi keluarga angkat kehilangan jejaknya. Nah, dia sudah memberikan putrinya kepada keluarga itu dengan kendaraannya. Tidak ada lagi perantara atau lapangan. Dia telah menyerah pada harapan. Untuk rasa sakit putrinya, dia tidak pernah menikah lagi. Dia telah menanggung semua beban hidup sendirian. Meskipun dia baru berusia empat puluhan, dia terlihat jauh lebih tua secara fisik.

Sambil menggeliat kesakitan, dia berkata, "Jika saya mati tanpa melihat putri saya, saya akan pergi dengan mata terbuka." Air matanya mengalir seperti benang saat dia berkata, "Saya paling terbakar, dan inilah yang paling saya bakar", seolah-olah memadamkan api.

Kami bangun meminta izin. Saat saya pergi, meninggalkannya sendirian dengan rasa sakitnya, cerita wanita itu membuat otak saya berdenyut-denyut. Emosi saya terus bertarung satu sama lain.

Bertahun-tahun kemudian, ketika saya datang ke Kadirli, saya kembali ke rumah itu untuk mengetahui nasib wanita yang tidak bisa saya lupakan. Tuan tanah mengenali saya. Dia mengundang saya masuk. Setelah minum teh dan selamat tinggal, saya bertanya kepadanya tentang hal itu. Dia menemukan putrinya, putrinya belajar, menikah, dan menjadi manajer dalam pekerjaan pemerintah yang tinggi. Dia menjadi buruh harian di rumah untuk dekat dengan putrinya dan mengenalnya; Tempat dia bergegas bekerja adalah rumah putrinya dan rumah cucunya. Tentu saja, putrinya tidak tahu dia adalah ibunya. Putrinya curiga dengan kenyataan bahwa dia bekerja keras dari waktu ke waktu, sangat memperhatikan anak-anak, dan tidak menegosiasikan uang. Dia tidak tahan dengan pembicaraan itu. Suatu hari, dia mengaku kepada putrinya bahwa dia adalah ibunya. Putrinya tidak tahu bahwa dia diadopsi, dia sangat menentang, hubungannya dengan keluarga yang membesarkannya memburuk, dan ketika dihadapkan dengan fakta ini, dia menolaknya. Karena dia tidak ingin pekerjaan, karier, lingkungan, dan anak-anaknya belajar. Dia memecatnya dengan menghina dan mempermalukan ton-tonnya. Kemudian wanita itu depresi dan ingin mengakhiri hidupnya. Dan dia berhasil pada percobaan terakhirnya. Dia meninggalkan dunia ini meninggalkan semua rasa sakit. Dia meninggalkan surat satu kata: "Putriku."

Sudah waktunya bagi saya untuk bangun, tetapi saya terjebak di sana. Ketika dia bangun dengan gerakan tiba-tiba, berkata, "Permisi," tuan tanah berkata, "Kaya." Saya mengucapkan selamat tinggal dan berjalan ke Sülemiş. Yang Mahakuasa ada di bawah kakiku. Saya tidak tahu apakah harus memikirkan Kadirli, wanita itu, atau putrinya.

Merupakan kehormatan untuk menonton Kadirli dari Sulemish. Saya pikir itu adalah tempat di mana mereka yang ingin sendirian berlindung di tahun-tahun itu. Saya kembali ke rumah mengubur cerita wanita itu dalam bahasa Sulemish. Aku berbalik, tetapi dengan pikiran dan perasaan yang berbeda, seolah-olah aku adalah bagian dari kisah penebusan yang berat, dengan kesedihan yang aneh dan diri yang tidak aku kenal, seolah-olah aku telah melewati ambang dunia yang tidak kukenal.

Apa yang akan terjadi jika dunia adalah milikmu

Y

Ketika dia kembali ke Çukurova bertahun-tahun kemudian, dia bermimpi untuk membangun kehidupan yang telah dia rindukan selama bertahun-tahun. Seberapa banyak Adana telah berubah selama bertahun-tahun. Ternyata dia sangat mencintai Adana, betapa dia merindukan mengatakan "Aboo!". "Tanah orang-orang yang menembakkan peluru di bawah sinar matahari," gumamnya pada dirinya sendiri. Memikirkan jejak apa yang terjadi ...

Suatu hari sesuatu terjadi dan Anda tahu segalanya, dan kemudian hari lain sesuatu terjadi yang tidak Anda duga dan Anda bangun. Anda bukan lagi diri Anda yang lama, Anda tidak bisa berurusan dengan diri Anda yang baru. Begitu banyak yang berubah dalam semalam.

"Jika begitu banyak yang berubah dalam semalam," pikirnya, "berapa banyak yang telah berubah dalam enam puluh tahun kehidupan?"

Anda melihat perubahan ini sekarang, Anda mendengarnya, Anda tahu itu. Sebuah rasa sakit terdeteksi di hatinya. Anda merasakan sakit di dada Anda dan pertanyaan tentang bagaimana hidup dengan rasa sakit ini tiba-tiba menjadi harmoni rasa sakit dan harapan. Sementara satu bagian dari Anda menangis, Anda mencoba melipatgandakan senyum dengan yang lain. Anda kesepian di keramaian. Sisi kiri Anda sakit. Rasa sakit ini adalah rasa sakit karena mengalami dan/atau rasa sakit dari apa yang sedang dialami. Rasa sakit pemberontakan melawan kejahatan. Aturan yang disebut kehidupan memaksakan penghinaan, seperti dekrit yang diciptakan manusia sendiri. Jika Anda mencoba menjelaskan rasa sakit di dalam, kedangkalan yang menanyakan apakah Anda sedang jatuh cinta membingungkan. Dia terus memikirkan hal-hal ini ...

"Penderitaan tidak hanya melelahkan penderita, tetapi juga melelahkan semua orang di sekitarnya," pikirnya. Dia menyandarkan kepalanya ke jendela dan mengamati jalanan untuk waktu yang lama. Ketika dia melihat hewan-hewan itu berkeliaran tanpa arti di jalan, dia berpikir, "Apakah mereka juga menderita?" dan dia ingin tahu sumber penderitaannya. Dia tidak tahu apakah itu lima tahun yang lalu, sepuluh tahun yang lalu, dua puluh tahun yang lalu, empat puluh tahun yang lalu, atau enam puluh tahun yang lalu. Untuk waktu yang lama, dia berjuang dengan pikiran ini, tak berdaya dan tanpa sadar.

Dia sedih ketika dia mengingat penderitaan pertamanya. Meskipun bertahun-tahun telah berlalu, dia tidak lupa, tetapi dia telah melakukan banyak kerusakan pada jiwanya. Dia tidak mengangkat kepalanya keluar dari jendela. Dia memejamkan mata dan mengingat hari itu.

Tidak ada seorang pun di pedesaan yang tidak mengenal cinta mereka. Kadang-kadang diceritakan sedemikian rupa sehingga cinta legendaris tercipta di desa-desa sekitarnya. Di pedesaan, di mana gosip adalah satu-satunya sarana komunikasi, kecantikan Zeynep dibicarakan, dan keberanian Hüseyin juga dibahas. Mereka menikah pada hari Hıdırellez untuk keberuntungan dan keberuntungan. Mereka tidak memiliki anak selama bertahun-tahun. Baik guru yang mendalam maupun obat-obatan lelaki tua itu tidak membantu. Zeynep dan Hüseyin, yang tidak tahan dengan apa yang dikatakan, meninggalkan desa dan menetap di kota. Zeynep yang dirawat dan hamil kembali ke desa hanya demi nazirah. Dia sering berjalan di jalan-jalan desa seolah-olah berkata, "Lihat, aku juga hamil." Ketika ulang tahunnya tiba, bidan dengan ijazah dalam hubungan master-magang mengambil alih pekerjaan itu, dan Zeynep melahirkan anaknya dengan kelahiran yang sulit.

Mereka menamai anak laki-laki itu Jamal. Jamal tumbuh dan pergi ke universitas. Tinggal jauh dari keluarganya, Jamal berpartisipasi dalam kegiatan politik yang cita-citanya dia temukan dekat dengan cita-citanya sendiri. Di tengah malam, pasukan keamanan tiba-tiba menggerebek rumah tempat dia tinggal, memindainya dengan senapan mesin dan membunuh semua orang di rumah itu. Tidak ada yang tahu isi insiden itu karena tidak ada yang selamat. Suatu sore, polisi menyerahkannya dalam peti mati kepada orang tuanya. Anak anjing mereka, yang telah mereka ajak bicara beberapa hari sebelumnya, tidak lagi berbicara. Mereka bingung apa yang harus dikatakan kepada siapa. Sampai pagi, tangisan dan ratapan muncul di rumah-rumah darurat mereka. Di pagi hari, mereka menguburkannya bersama polisi. Dua puluh tahun kemudian, mereka menghancurkan Cemal, yang telah mereka rindukan selama bertahun-tahun, makan tanpa makan, dan menunggu dengan harapan selama dua puluh tahun.

Mereka berduka untuk waktu yang lama. Setelah bertahun-tahun, mereka mendengar kata *organisasi yang mereka tidak tahu apa* itu. Mereka saling menyalahkan selama berhari-hari. Pernikahan mereka yang bahagia dan damai telah rusak secara permanen. Dia berkeliaran di jalanan selama berhari-hari. Tidak ada pisau di mulutnya. Dia berbicara pada dirinya sendiri saat dia berjalan menyusuri jalan. Seolah-olah dia telah memutuskan hubungannya dengan dunia ini. Pada saat semua orang menerima begitu saja, Zeynep, yang bunuh diri di tengah malam, dipertemukan kembali dengan putranya dengan cepat. Mereka menguburkannya di sebelah putranya. Semua rasa sakitnya hilang selamanya.

Hari itu, dia selalu berpikir: "Mungkin kematian adalah akhir dari semua penderitaan. Apakah ini rasa sakit pertama yang saya derita dalam hidup saya?" Tentu saja tidak. Tapi itulah hal pertama yang terlintas dalam pikiran.

Ketika dia sadar kembali, lehernya mati rasa karena bersandar pada kaca. Otaknya berdenyut-denyut, dia bisa merasakan air mata dalam dirinya. Ketika dia memikirkan rasa sakit pertama yang dia rasakan dalam hidupnya, dia berpikir, "Ini pasti bukan sumber rasa sakitku." Dia duduk di sofa. Dia memikirkan masa depannya. Bahkan, dia memikirkan besok. "Rasa sakit saya yang sebenarnya adalah keinginan masa lalu saya dan kekhawatiran saya tentang masa depan," katanya pada dirinya sendiri.

Saat itu tanggal 13 Maret. Saat itu hari Jumat. "Ini hari yang indah," pikirnya, melihat sekeliling. "Ini pasti hari-hari terbaik Adana," katanya pada dirinya sendiri. Dia selalu terpesona oleh Adana. Musim semi telah mekar cabang-cabang, betapa indahnya mereka, dan awan menari di bulan ini. Bulan depan, Karnaval Bunga Oranye akan dimulai di Adana. Adana akan menjadi pesta budaya lainnya.

Begitu banyak hal telah berubah dan begitu banyak yang telah terjadi selama bertahun-tahun sehingga di dalam hati dan otak saya, jiwanya memberontak. "Berapa banyak bangkai kapal yang keluar dari hati ini?" keluhnya. "Anda menyadari betapa munafik dan materialistisnya orang-orang, dan seiring waktu Anda memiliki alasan untuk kesal. Dan kemudian, Anda menyadari bahwa Anda benar-benar menghilang saat Anda menunggu."

"Dan kemudian perasaan kehancuran menyelimutinya. Perasaan pemusnahan itu seperti sakit atau sakit di hati seseorang, kepunahan bukan hanya kematian di hati seseorang," pikirnya selama beberapa menit. Dia berbaring di satu-satunya tempat tidur susun di kamarnya, yang dia anggap sebagai sel soliter, dan menatap langit-langit; Dia memikirkan mimpinya. "Salah satu impian saya yang tak ada habisnya adalah tinggal di kota kecil di tepi pantai," tubuh dan pikirannya menjadi lelah dengan waktu saat dia membuat daftar mimpinya.

Beban Hidup yang Tak Tertahankan

Sebuah

Panas kuning Dana. Siapa pun yang tahu hari-hari malaria tahu. Berapa hari yang lalu saya terkena malaria? Apakah seseorang menggigil atau merasa kedinginan dalam panas itu? Saya berpikir, "Jadi itu malaria." Mengingat kisah-kisah orang-orang yang meninggal karena malaria selama bertahun-tahun, dia berkata, "Sebaiknya saya tidak mati. Sekarang bukan waktunya sama sekali. Konjungtur juga tidak menguntungkan. Hatiku, dengarkan aku. Ya Tuhan, katakan sesuatu untuk ini," bisiknya pada dirinya sendiri.

Saya tidak tahu apakah itu harapan, celaan, atau permohonan. Setidaknya saya akan bertemu dengannya dalam beberapa hari. Dia bilang dia akan memberi tahu saya banyak hal. "Dan kami akan memuaskan kerinduan selama bertahun-tahun," katanya. Saya berpikir, "Jika saya mati sekarang, semuanya akan belum selesai."

Menurut beberapa orang, susu keledai akan baik. Menurut beberapa orang, tidak ada yang selamat dari penyakit ini. Karena banyak orang di keluarga saya meninggal karena malaria, semua orang tampaknya tahu nasib saya, tetapi itu tidak berjalan seperti yang mereka pikirkan, dan setelah berbaring demam selama beberapa hari, saya bangun pagi-pagi dan berjalan sebentar. Dan saya perlahan-lahan sembuh dari malaria.

Saya telah mengalami begitu banyak momen kematian dalam hidup saya sehingga seolah-olah saya akan memprediksi saat kematian akan terjadi. Saya hidup kembali dengan berpikir, "Tuhan tidak membunuh mereka yang tidak membunuh."

Saya mengenalnya pada tahun-tahun ketika saya melupakan kehidupan sosial saat saya tidur setiap hari bermimpi membuat revolusi. Bertahun-tahun kemudian, ketika saya bertemu dengannya, kami menyapanya dan memuaskan kerinduan kami. Beberapa hari kemudian, kami berkomunikasi dan melakukan percakapan yang panjang. Itu tidak mudah; Selama bertahun-tahun, kami duduk di barisan yang sama, berjalan di jalan yang sama, makan dari piring yang sama.

"Ayo bertemu. Saya punya sesuatu untuk dibicarakan. Aku berbicara, kamu mendengarkan." Saya berkata, "Oke."

Saya akan bertemu dengannya dalam beberapa hari. Saya tidak tahu apakah kerinduan bertahun-tahun yang membuatnya penting untuk bertemu dengannya atau apa yang dia katakan. Apa pun alasannya, bertemu dengannya sepadan dengan semuanya. Itu seperti pertemuan dua kekasih setelah perang.

Dalam perjalanan ke tempat pertemuan, saya bersemangat sekaligus pesimis. Sepanjang jalan, otak saya sepertinya tidak terkendali. Seolah-olah hatiku tidak sesuai dengan apa yang kupikirkan. Saya pernah memiliki perasaan ini sebelumnya. Perasaan ini tidak asing bagi saya. Tidak ada yang bisa saya lakukan. Itu adalah perasaan yang belum pernah saya alami. Bertahun-tahun kemudian, jauh kemudian, dia pasti memiliki alasan yang sangat penting untuk menelepon saya dan berkata, "Mari kita bertemu."

Anda tahu, Anda merindukan seseorang selama bertahun-tahun, Anda tahu, Anda menemukan sesuatu yang hilang bertahun-tahun kemudian dan Anda bahagia, seharusnya ada perasaan seperti itu, tetapi itu tidak terjadi seperti itu. Jika mereka menyentuhku, aku akan hancur. Ternyata saya mengerti apa yang dipikirkan orang ketika mereka menuju ke tempat yang tidak diketahui, betapa melelahkannya pikiran itu.

Saya berjalan ke tempat pertemuan, berisiko berlumuran darah dan keringat. Saya pikir semakin lambat saya pergi ke tempat pertemuan, semakin menguntungkan saya. Saya terburu-buru untuk menemuinya. Saya merenungkan jimat untuk melihatnya bertahun-tahun kemudian.

Saya mempercepat ...

Kami bertemu di Tepebağ. Di depan gereja bobrok. Saya telah sering ke Tepebağ, tetapi dia kesal ketika saya mengatakan kepadanya bahwa saya tidak pernah memperhatikan gereja ini. "Anda tidak akan menyadarinya, tentu saja," katanya. "Ini hancur. Itu telah berhenti menjadi gereja, tetapi tidak ada yang bisa dilakukan." "Anda bahkan tidak bisa membayangkan apa yang terjadi di tempat hancur yang tidak Anda lihat ini," katanya. "Kau benar," kataku tanpa melakukan kontak mata.

Kami saling bertanya bagaimana kabar kami. "Kami sudah bertahun-tahun tidak bertemu, tetapi tahun-tahun tidak memakan banyak waktu, bukan?" katanya. Apakah itu akan terjadi! Begitulah kelihatannya bagimu." "Jadi, biarlah itu padaku. Saya pikir itu hal yang baik," katanya. "Mengapa bagian depan gereja ini? Mengapa tidak kafe atau kebun teh?" "Saya sengaja memilih tempat ini; Ini penting bagi saya," katanya. Saya tidak percaya padanya. Saya berkata, "Apa pentingnya gereja yang runtuh bagi Anda?" Saya berkata, tetapi saya menyesali apa yang saya katakan. Seolah-olah semua harapan telah hancur dan sayapnya telah patah. Tatapannya sepertinya berkata, "Kamu tidak berbeda dari yang lain." Saya berusaha sangat keras untuk mendapatkan hatinya, tetapi itu tidak mudah. "Jangan khawatir, aku tidak marah padamu," katanya.

Sementara saya merasa bersalah atas apa yang telah saya katakan, dia berkata, "Saya orang Armenia dan Anda tidak tahu ini." "Apakah saya seharusnya tahu? Selain itu, apa yang akan terjadi jika saya tahu? Bagaimanapun, orang adalah orang di mana-mana." Saya berkata, "Selain itu, tidak ada ras, tidak ada agama, tidak ada sekte dalam buku saya." "Aku tahu, dan karena itu aku harus berbicara denganmu; Saya pikir saya tidak akan membawa perasaan batin saya ke alam baka." Saya berkata, "Tuhan memberimu umur panjang, dari mana datangnya akhirat?" Kami tertawa dan terdiam. "Sejauh yang saya tahu ..." Dia berkata dan terdiam. Dan untuk beberapa alasan, dia melanjutkan: "Ketika orang-orang Armenia dideportasi, salah satu putri mereka jatuh sakit parah di jalan, melewati desa nenek saya, dan keluarganya harus meninggalkannya dengan ayah nenek saya. Mereka pasti menyadari bahwa mereka tidak dapat melanjutkan dengan putri mereka yang sakit dan kelaparan. Jika tidak, siapa yang akan meninggalkan anak-anak mereka seolah-olah menghancurkan mereka? Siapa yang ingin garis keturunan putra mereka diubah? Ayah nenek saya membesarkan gadis itu sebagai putrinya sendiri. Dia berusia empat atau lima tahun ketika dia dibebaskan, mereka mengubah namanya menjadi Sultan dan dia dibesarkan sebagai seorang Muslim-Turki. Dia dan nenek saya saling mencintai seolah-olah mereka adalah saudara perempuan. Juga, anak-anaknya dan ayah saya selalu sepupu satu sama lain, meskipun mereka tidak memiliki hubungan darah. Dia tidak ingat orang tuanya sendiri, tentu saja, dia pikir orang tuanya sendiri adalah keluarga yang tersisa. Kakek buyut kami tidak merasa perlu mengatakan yang sebenarnya karena dia membesarkannya sebagai putrinya sendiri, tetapi bagaimanapun juga, semua orang tahu bahwa dia diadopsi. Setelah menikah dengan seseorang dari desa itu, dia mengetahui dari suaminya bahwa dia diadopsi. Dia sangat kesal ketika dia mengetahui bahwa dia berasal dari garis keturunan dan agama lain. Dia berusaha untuk tidak membuat anak-anaknya merasakan kesedihan ini dan menyingkirkan kesedihannya. Dia tidak mengalami trauma besar karena dia mengetahui bahwa dia diadopsi dan seluruh ceritanya jauh kemudian. Apakah Anda percaya, kami juga menemukan kebenarannya jauh kemudian. Ketika kami mengetahuinya, tidak ada perubahan dalam perasaan saya. Tahun-tahun ini telah berlalu dalam ketidakjelasan.

Sultan senang mengetahui bahwa dia memiliki seorang saudara perempuan, bahwa dia tinggal di Istanbul, dan bahwa namanya adalah Sofia. Kakaknya telah menyebarkan berita itu agar kami bisa bertemu. Dalam suratnya, Sofia menyatakan bahwa ayahnya telah menyebutkan desa itu dalam buku hariannya dan bahwa saudara laki-lakinya pernah tinggal di desa itu. Surat itu ditujukan kepada kepala desa. Kepala desa menyelidiki dan ketika dia akhirnya menyadari bahwa orang yang digambarkan adalah Sultan, dia datang ke Adana dan memberi tahu Sultan tentang situasinya. Dia mengatakan dia memiliki seorang kakak perempuan dan tinggal di Istanbul. Sofia tumbuh dengan identitas dan agamanya sendiri. Itu juga terkait dengan budayanya sendiri. Dia rindu untuk menemukan saudaranya dan memuaskan kerinduannya. Dia mengundang saudaranya ke Istanbul. Dia tidak bisa pergi. Kondisi tidak memungkinkan musim panas itu. Mereka bertukar surat selama berbulan-bulan, tetapi tidak pernah menyebutkan identitas mereka. Korespondensi yang penuh cinta dan kerinduan mulai berkurang seiring waktu. Dia melihat bahwa ini tidak akan terjadi, jadi dia pergi ke Istanbul. Saudara perempuannya menyambutnya di Terminal Bus Harem.

Dua saudara laki-laki; satu Turki dan satu Armenia. Dua saudara laki-laki; satu adalah seorang Kristen dan satu lagi adalah seorang Muslim. Dua saudara laki-laki; satu adalah wanita tradisional Anatolia, satu adalah wanita Istanbul modern. Dua saudara laki-laki; satu dalam kemiskinan dan kemiskinan, satu dalam kekayaan.

Mereka bertemu bertahun-tahun kemudian, tetapi dia mengatakan dia tidak terlalu merasakan saudaranya sendiri, jadi mereka tidak merasa seperti saudara. Tidak ada yang tersisa di hatinya dari pertemuan dengan Anda dan kami. Mereka berdua pergi dengan pengalaman mereka terkubur di hati mereka. Mereka tidak pernah bertemu lagi. Mereka telah menjadi orang yang sangat berbeda satu sama lain karena apa yang terjadi. Di luar keterasingan satu sama lain, permusuhan dan mitos Turki-Armenia yang dibangun secara historis ke arah ini sudah cukup bagi mereka untuk tidak bertemu.

Dalam perjalanannya ke Adana, dia melihat wajah paling brutal dalam sejarah manusia dalam beberapa hari. Sepanjang jalan, dia memikirkan saudara perempuannya dan membuat perbandingan di otaknya. Dia menempatkan pengalamannya dengan-, dia tidak mengisinya, dia tidak mengambilnya. Jika dia tidak malu, dia akan menangis. Dia tidak bisa. Dia pulang ke rumah, mengalami pelepasan emosi. Dia menangis selama berhari-hari. Tidak ada yang bisa memahami tangisan ini. Dia tidak memberi tahu siapa pun apa-apa. Dia ditarik selama berhari-hari. Dia memikirkan enam puluh tahun yang telah dia jalani. "Mengapa dia mengalami ini?" Semakin dia memikirkannya, semakin dia terlempar ke titik yang tidak dapat diatasi. Dia tidak membuka mulutnya selama berhari-hari. Itu hampir seperti garnet. Tidak ada yang memikirkannya. Mereka berkata, 'Sultan kuat, dia akan selamat.'

Itu tidak berhasil seperti yang mereka katakan. Dia datang ke gereja ini pada suatu sore. Dia duduk di gereja selama berjam-jam. Menjelang malam, Sultan ditemukan tewas di gereja ini. Dia bunuh diri. Itu adalah nenek saya. Selama bertahun-tahun, saya datang ke sini kapan pun saya punya waktu dan merindukan nenek saya."

Kemudian, untuk beberapa alasan, dia tiba-tiba terdiam. Ada ketenangan di wajahnya. "Aku kesal," kataku. "Apakah menurutmu mudah untuk mengetahui dan menjalani hal-hal ini?" katanya. "Ini tidak mudah, tentu saja, tapi sudah selesai. Anda harus memikirkan masa depan dan melanjutkan hidup Anda." Saya berkata, "Ini bukan jumlah kecil dari apa yang telah Anda lalui, tentu saja, tetapi pada saat yang sama, itu tidak ada hubungannya dengan Anda." Ketika dia berkata, "Saya tahu, tetapi saya sangat sedih karena nenek saya tidak pantas menerima apa yang terjadi," saya berkata, "Kamu benar." Kemudian kami hanya duduk di sana untuk beberapa waktu tanpa berbicara. Seolah-olah kami selesai membicarakannya.

Saya tidak tahu apakah itu untuk menghilangkan suasana pesimis, dia menoleh ke arah saya dan berkata, "Kamu seperti kotak tertutup. Kamu tidak berbicara tentang dirimu sendiri sama sekali." Sambil tersenyum, dia berkata, "Besok saya akan pergi ke Erzurum. Jika saya kembali, kita akan banyak bicara, jika saya tidak kembali, tidak ada yang bisa dilakukan." "Saya memilih hari ini karena saya tahu Anda akan pergi," katanya. Kami terdiam selama beberapa menit lagi... Dia bangkit. Saat dia pergi, dia berkata, "Apakah itu mudah?" Saya berkata pada diri sendiri, "Seseorang hanya ingin melihat penderitaan yang dipilihnya. Namun, ada begitu banyak rasa sakit dalam hidup yang tidak ingin dilihat siapa pun."

Dalam perjalanan ke Erzurum, saya hanya memikirkan tragedi yang dia gambarkan. Saya mencoba mencari tahu. Untuk waktu yang lama, jantung saya berdarah, otak saya kehilangan arahnya dengan apa yang dia katakan. Saya menulis banyak surat kepadanya; Beberapa saya posting, beberapa saya sembunyikan, beberapa saya robek. Baik mereka yang pergi maupun apa yang saya sembunyikan tidak memberi saya kedamaian.

Apakah itu keadilan? Apa itu?

G

Penangkapan dan penangkapan terus berlanjut. Itu adalah perebutan kekuasaan antar kekuatan. Negara ini mengandung peristiwa tragis yang meninggalkan jejak permanen dalam sejarah umat manusia. Apa yang terjadi di negara kita dan di dunia tidak rasional. Memori kolektif sedang dihancurkan. Itu adalah hari-hari ketika semua orang mengalami rasa sakit mereka. Para tahanan hampir dibersihkan di bangku penyiksaan; Beberapa dari mereka yang berhasil keluar pergi ke luar negeri, dan beberapa dari mereka berbaur dengan masyarakat dengan cara yang menyedihkan dengan mengenakan kamuflase. Sementara kekuatan perlawanan dari mereka yang melawan dicoba untuk dihancurkan, suasana kebebasan ditiup dengan harga kepala.

Saat itu tahun 1993 ketika dia masuk. Saat itu tanggal 13 Maret. Saat itu hari Jumat. Dia menghabiskan bertahun-tahun di sel isolasi memikirkan untuk apa dia, untuk siapa, mengapa, untuk apa dia ditebus, dan apa konsekuensinya. Kehidupan banyak kepribadian konsonan terkenal hancur di dalam sel. Sejumlah besar orang telah menjadi sasaran perlakuan tidak manusiawi di penjara selama bertahun-tahun.

Dia mengerti bahwa kehidupan orang-orang di luar tidak seaman orang-orang di dalam pembantaian "Kembali ke Kehidupan" yang ironis di penjara. Selain itu, dia telah berdamai dengan kekerasan kebrutalan yang dia tinggali di negara yang tidak bertanggung jawab terhadap orang-orang yang dia izinkan masuk. Dari waktu ke waktu, dia hancur oleh pikiran bahwa dia berduka tanpa akal di televisi yang ditonton secara terbatas.

Suatu malam, konsep "Turki" sedang dibahas di televisi negara besar itu. "Lihatlah hal-hal yang dibicarakan oleh pria sebesar keledai dengan serius. Makhluk yang paling tidak rasional adalah manusia, demi Tuhan!" gumamnya pelan. "Kamu datang ke dunia. Anda memiliki seumur hidup, seumur hidup. Apakah subjek yang Anda habiskan waktu terbatas di air yang begitu sederhana? Anda dan begitu banyak pemboros DNA lainnya, Anda telah menjadi tua, Anda telah memutihkan rambut dan janggut Anda dan mengonsumsi roti roti. Sudahkah Anda menemukan apa itu Turki, yang disebut Turki? Apakah layak membuat anak-anak manusia saling menghancurkan?" serunya tanpa sadar. Teman-teman lingkungannya tidak mengatakan apa-apa. Mereka terbiasa dengan lekas marahnya. Ketika mereka melihat masalah yang sedang dibahas di negara di mana dia telah memberikan begitu banyak kehidupan selama bertahun-tahun, orang-orang di lingkungan mengatakan bahwa siapa pun akan sangat marah.

Berpaling kepada teman-temannya, Ismael berkata, "Permisi, tolong; Tubuhnya tidak bisa mengimbangi pikirannya, itu sebabnya dia kejam." Ibunya, yang datang mengunjunginya berkali-kali, keluar dengan permohonan yang sama setiap kali, mengatakan, "Semoga mereka yang menyakiti kamu tidak melihat cahaya hari di dunia ini! Mereka sangat menyakitimu, dombaku." Dia ingat ibunya. Pada setiap hari kunjungan, dia akan menegur teman-temannya: "Ibuku akan datang, dia akan menemukan cara untuk mengubah kutukannya menjadi jeritan." Itu akan seperti yang dia katakan. Dia terbiasa dengan ritual ibunya.

Terlepas dari kehidupannya yang tragis, dia selalu melihat hidup dengan harapan dan cinta, dan dengan perspektif ini, dia menginspirasi banyak orang. Dia menyentuh kehidupan banyak orang dengan caranya. Dia akan dibebaskan dari penjara besok dengan harapan, cinta, dan perjuangan tersenyum melawan kesulitan.

Beberapa dekade kemudian, dia keluar lagi dalam sebuah Maret. Pada hari yang sama, mereka membawanya ke cabang militer. Mereka merujuknya ke rumah sakit untuk memberikan laporan karies. Tentara bergegas untuk melakukan transaksi. Sambil berpikir, "Biarkan prosedurnya diselesaikan sesegera mungkin, sehingga tubuhku yang tidak terlihat dan busuk akan melihat cahaya hari", dia merasakan rasa sakit yang dia derita karena edema di tubuhnya. "Kurasa tubuhku juga tidak terbiasa dengan luar," gumamnya. "Dia terbiasa, dia terbiasa," katanya pada dirinya sendiri. Seolah-olah mengangguk pada Spinoza, dia berkata, "Kita belum tahu apa yang mampu dilakukan oleh tubuh."

Dia sangat lelah sehingga dia tidak berhenti pergi. Dia nyaris tidak melemparkan dirinya ke hotel. Dia akan berangkat ke rumah besok. Dia pikir dia akan memeluk ibunya. Sepanjang malam, dia memikirkan ibunya, yang sangat menderita karena dia. "Jika aku tidak malu, aku akan berbaring di dadamu pada malam pertama," pikirnya, "tapi kita telah menjadi manusia seperti keledai."

Itu tidak berbelok ke kanan, tidak berbelok ke kiri. Dia hampir bertentangan dengan tempat tidur. Ketika dia tidak bisa tidur, dia bangun. Dia menyalakan lampu, karena kebiasaan penjaranya. Karena kebiasaan berjalan berjinjit karena takut mengganggu orang yang tidur, dia berjalan dengan tenang, bahkan jika tidak ada seorang pun di ruangan itu.

Dia menyalakan TV. Semua televisi menyiarkan berita malam pada saat yang sama. Tiba-tiba, dia tersentak. Raci Tetik sudah meninggal. "Dia pergi tanpa pertanggungjawaban," katanya, melemparkan seteguk kata-kata kotor.

Pada upacara perpisahan, seorang anggota parlemen dari Partai Baik yang berteriak di kepala peti mati, "Semoga tempatnya menjadi neraka!" Artinya, itu berasal dari MHP. Saya tahu bahwa anggota MHP juga disiksa di Mamak dari laporan kaum kiri yang ada di sana pada saat itu. Jangan percaya mereka yang mengatakan kami melawan, tetapi percayalah mereka yang mengatakan saya disiksa. Dalam pembelaannya, pemimpin MHP Agâh Oktay Güner mengatakan, "Kami berada di penjara sementara gagasan kami berkuasa."

Menurut laporan, penyiksaan yang dialami Muhsin Yazıcıoğlu tidak terhitung. Karena tidak ada perbedaan sepele seperti penahanan dan penahanan, pusat interogasi dan penjara dalam rezim militer murni orang-orang seperti Raci Pasha, mereka akan mengambil orang dari bangsal bila perlu dan meninggalkan mereka di bangsal seperti karung kosong beberapa hari kemudian. Saya mendengar dari mereka yang hadir bahwa dia akan menangis selama berhari-hari dengan mengatakan, "Saya tidak tahan dengan siksaan, saya memberinya nama." Terutama, setelah Yaşar Okuma masuk dan pergi, dia meletakkan pisau cukur di gumpalan jaketnya, dan berencana untuk segera bunuh diri jika dia memasuki Mamak lagi. "Saya hancur sebagai manusia," pikirnya selama beberapa menit. Alih-alih berpikir tentang siapa yang benar dan siapa yang salah, dia berpikir bahwa bertahun-tahun kemudian dia sendirian lagi dan di kamar hotel, dan dia melihat jam dan saat itu pukul 2:30 pagi. Rasa sakit tubuhnya yang bangkrut tidak memungkinkannya tertidur. Dia tidak marah. Berhenti.

Keesokan harinya, dia terpaksa pergi ke stasiun untuk naik kereta. Ketika dia melemparkan dirinya ke kereta, dia mengeluarkan aura. "Semua rasa sakit yang saya derita, semua perjuangan luar biasa yang saya derita, tidak boleh berakhir sampai kita melihat hari-hari yang baik," pikirnya. Meskipun perjalanannya sangat membosankan, dia sangat senang bahwa dia akan bertemu kembali dengan ibunya di kereta api bertahun-tahun kemudian. Dia marah pada lambatnya kereta melaju begitu cepat, dia menggerutu. Orang-orang di udara terkejut ketika dia melemparkan kata-kata kotor karena kebiasaan. Dia kesal dan berkata, "Maafkan aku!"

Ketika dia sampai di rumah, tubuhnya yang kelelahan tidak bisa melakukan apa pun yang dia impikan di sepanjang jalan. Dia ingin memeluk ibunya, tetapi dia sangat lemah sehingga dia hampir tidak bisa berpegangan pada bahunya. Ibunya mengerti. Dia berbaring di sofa yang telah dia siapkan, dan tidur seperti bayi; Dia tidak peduli dengan rasa sakit dan pemberontakan tubuhnya. Ketika dia sadar, ibunya ada di samping tempat tidurnya. Dia telah membuat makanan favoritnya, tetapi dia tidak bisa memakannya karena puasa. Dia tidak bisa memberontak. Berhenti. Melupakan pantang, dia makan sebanyak yang dia bisa. Betapa bahagianya ibunya ketika dia makan. Perpisahan dan kerinduan dan kekhawatiran telah berakhir. Selama berhari-hari dia memimpikan saat dia akan mengatakan kepada semua rekannya di mana kami berada.

Suatu pagi dia menjadi lebih buruk. Tubuhnya bangkrut. Mereka pergi ke rumah sakit. Perawatan intensif, obat-obatan, tes... Dokter meresepkan diet dan obat-obatan. "Pergi ke kota pesisir, istirahatlah," katanya. "Jika Anda tidak mendengarkan saya, Anda tidak akan memiliki kesempatan untuk hidup lama," katanya. Dia tidak mendengarkan dokter. Dia tidak mengikuti diet dengan baik, tetapi dia minum obatnya secara teratur.

Dia khawatir tentang banyak hal dalam kehidupan sehari-hari. Ada pseudo-kiri, kiri sayap kiri, sosialis dari semua warna kulit, revolusioner yang bahkan menggantungkan harapan mereka pada CHP. Dia tidak marah dengan AKP. "AKP adalah konsekuensinya," pikirnya. Apakah seolah-olah sosial demokrat Swiss memerintah negara sebelum AKP berkuasa dan AKP datang dan mengambilnya dari mereka? Apakah AKP yang melakukan pembantaian "Kembali ke Kehidupan" yang keji itu? Apakah pembantaian Medimak terjadi pada masa AKP?" pikirnya. "Kami tidak punya hak untuk marah," gumamnya.

Sambil beradaptasi dengan kehidupan, dia juga bertemu teman-teman lamanya. Dia tidak bisa bepergian banyak. Namun, dia berjuang untuk mengejar ketinggalan dengan segalanya, untuk membangun kembali kehidupan yang belum selesai. Kesehatannya semakin memburuk setiap hari, tetapi dia berusaha untuk tidak membiarkan siapa pun menyadarinya. Tetap saja, semua orang sadar. Dia berada dalam perawatan intensif di rumah sakit yang berbeda selama berhari-hari. Kegagalan organ ganda semakin berkembang setiap hari. Pada pemeriksaan terakhir, dia menyadari bahwa kondisinya tidak baik. Dia marah karena saat itu musim dingin, dan karena dia banyak mengeluh tentang dingin dan kelembaban. Dia berpikir bahwa musim dingin tidak akan pernah berakhir, ketika dia marah.

Mereka membawanya pulang dengan ambulans dari rumah sakit. Malam itu cukup nyaman. Dia membuat lelucon di sekitarnya. Ini adalah pertama kalinya dia membuat ibunya merasa begitu bahagia. Mereka pergi tidur malam itu. Dia tidak bangun di pagi hari. Ibunya bertanya-tanya. "Dia tidak pernah tidur sampai jam ini," pikirnya, berlari ke kamar putranya. Ketika dia membuka pintu, dia melihatnya tidak bergerak di tempat tidurnya. Dia berteriak. Semua orang di rumah bergegas ke kamar, tetapi tidak ada lagi yang bisa dilakukan. Semua orang yang mengenalnya menangis dengan suara bulat: "Mehmet, itu bulan Mei, dan Anda berkata, 'Saya masih kedinginan.' Mengapa kamu melepaskannya, temanku, mengapa kamu membiarkan dirimu pergi? Lihat, kamu jatuh ke tanah sebelum bumi menghangat seperti mayat. Ayo, kutuk bumi es ini dengan setegukmu. Kami masih memiliki banyak pekerjaan yang harus dilakukan, kawan; Itu tidak cocok untuk Anda. Bagaimana Anda bertahan tanpa menyelesaikan semua pekerjaan itu? Sejak kamu pergi dan mencium Deniz, Hüseyin, Yusuf dan semua rekannya. Katakan kepada mereka, 'Pergumulan terus berlanjut dan akan terus berlanjut.' Biarkan lampu menjadi pendamping Anda!

Sekarang saya ingin bertanya kepada orang-orang yang saya lihat di jalan, membalikkan mereka satu per satu dan mengguncang mereka: "Ada Mehmet! Dia adalah orang cantik yang berada di penjara sehingga Anda bisa hidup secara manusiawi. Dia pergi hari ini. Tahukah kamu?"

Kematian Tidak Berguna

Musim ini adalah musim semi. Salju, yang telah berhibernasi, berangsur-angsur mulai mencair. Ia melepaskan keuntungan itu sendiri secara bebas dan tanpa pandang bulu. Alam menjadi lebih indah, baunya seperti angin sepoi-sepoi dengan kekuatan salju yang mencair. Sungai Hurman mengalir secara berbeda di musim semi. Bahkan suara samar air itu sudah cukup untuk membuat orang bahagia.

Saya selalu mengamati bahwa mereka yang hidup damai dengan alam bahagia. Mereka yang mencari kebahagiaan di alam lebih suka hidup tunduk pada alam daripada mendominasi alam. Alam yang menyenangkan juga menawarkan cinta yang murah hati kepada mereka yang mencintainya. Alam tidak membalas dendam pada kekasihnya.

Itu adalah waktu seperti itu. Dia sedang dalam perjalanan. Dia bertemu dengan Bibi Fadime, yang tertua di desa. Dia lelah. Dia telah duduk di sofa alami untuk beristirahat. Bibi Fadime adalah pohon pesawat berusia seratus tahun. Seseorang yang telah melihat matahari, yang telah melihat matahari, yang telah melihat pengkhianatan, yang telah melihat kelaparan. Saya mendekatinya dan mencium tangannya. "Apakah kamu mengenaliku? Mengatakan. "Tidak," katanya. "Bahkan jika saya tidak mengenalnya, dia baik-baik saja. Bagaimanapun juga, aku adalah manusia, dan engkau adalah anak manusia." Bagaimanapun, kamu sama manusianya denganku." Saya tahu dia antek. Selalu ada kemarahan dalam pandangannya tentang kehidupan. Sudah 20 tahun sejak suaminya pergi dan tidak pernah kembali. Apakah dia merindukannya? Bibi Fadime, yang telah saya kenal selama bertahun-tahun, tidak pernah berbicara tentang suaminya. Berapa kali saya mencoba bertanya, tetapi setiap kali saya menyerah. Jika dia memiliki kesempatan untuk dilahirkan kembali, apakah dia akan menikahinya lagi?" Atau... Atau...

"Sudah 20 tahun sejak dia pergi," katanya. "Dia" adalah istrinya. "Suatu sore dia mengikat cawat di lehernya dan pergi ke sini dan tidak pernah kembali," katanya. Air mata menetes di pipinya. Dia melihat saya dan ke kuburan. Dia menundukkan kepalanya dan berkata, "Aku mencintainya dengan penuh semangat, tetapi aku lupa untuk mencintai diriku sendiri." "Apa yang harus aku katakan, Nak, kepada siapa aku harus mengatakannya? Kematian tidak ada gunanya bagi siapa pun."

"Semua orang telah melihat mayat orang yang mereka cintai, tetapi saya belum melihatnya di dunia yang berbohong ini. Apa yang ada untuk meninggalkan saya? Atau saya tidak mengerti apa terburu-buru itu. Akankah seorang pria meninggalkan orang yang dicintainya, seorang putra? Saya kehilangan banyak, tetapi itu tidak sepadan, saya sangat menderita, tetapi tidak ada yang melihatnya, saya banyak memberontak, tetapi tidak ada yang peduli. Bibimu yang sudah sangat tua, tapi dia tidak pernah hidup. Dia selalu makan dari kehidupan. Apa yang Anda sebut kehidupan; Ini adalah napas, hal sesaat," katanya.

Saya selalu mengagumi kecerdasan Bibi Fadime. Dia adalah wanita seperti sejarah. Meskipun dia tahu banyak, dia tidak dengan mudah mengatakan apa yang dia ketahui. Semua orang di desa memanggilnya kubus rahasia. Hubungannya dengan orang-orang seperti hubungan pasien-dokter. Semua orang tahu bahwa apa pun yang dikonsultasikan atau didiskusikan dengannya akan tetap menjadi rahasia. Sebagai seorang yang sinis, dia bekerja sebagai dokter, perawat, guru dan terlebih lagi sebagai manusia di desa.

Ketika mereka mulai bercerita, cerita pertama mereka adalah tentang Elbistan. "Apa yang dilihat mata buta saya selama ini. Betapa sakitnya hati saya," katanya, mencela. "Datang dan duduk di sampingku," katanya. "Kamu adalah orang yang berpendidikan, izinkan aku memberitahumu sesuatu yang penting. Izinkan saya menceritakan sebuah kisah yang telah menggerogoti hati saya selama bertahun-tahun, sehingga Anda dapat menceritakannya kepada anak-anak Anda sendiri."

Saya duduk di sebelahnya. Pembuluh darah di tangannya menonjol, seolah-olah ingin keluar. Dengan nada yang melubangi tetapi masih menginspirasi harapan, dia menatap mata saya dari waktu ke waktu, dan dari waktu ke waktu meletakkan tangannya di atas lutut saya. "Ternyata dia telah sangat menderita dengan tubuh ini, ternyata dia telah mengumpulkan begitu banyak di alam semesta batinnya," pikirku sambil mendengarkan.

"Anak pertama kakek saya, Rahime, lahir bertahun-tahun kemudian. Kakek saya yang cantik menggagalkan harapan memiliki seorang anak perempuan sambil mengharapkan seorang anak laki-laki, tetapi dia masih bangga memiliki seorang putra. Bertahun-tahun rumor memalukan akhirnya berakhir. Bahagia. Dalam kata-katanya, dia sekarang berjalan di sekitar desa *dengan kepala terangkat tinggi*. Meskipun tidak disukai untuk menunjukkan cinta kepada anak-anaknya di pedesaan, dia tidak membiarkan Rahime jatuh dari pelukannya. Dia biasa bepergian dengannya dan menghabiskan waktunya bersamanya. Suatu hari, saat bekerja di ladang, ketika dia melihat Medet berlari ke arahnya, dia merasa ada yang tidak beres dan memikirkan Rahime, yang bersatu dengan hatinya. Seolah-olah hatinya tidak pada tempatnya, seolah-olah dia telah berubah menjadi batu. Dia berlari menuju Medet. Dia tidak mendengar apa yang dikatakan Medet, dia hanya mendengar kata Rahime. Itu hampir menjadi burung, terbang dengan ukurannya yang kekar. Tidak dapat berlari seratus meter dalam kondisi normal, dia berlari antara lapangan dan desa dalam satu gerakan. Ketika dia mendekati rumah, dia mendengar ratapan; Dia hancur bahkan sebelum dia sempat memberontak. Orang-orang di desa bergegas ke arahnya. Ketika dia sadar, dia melihat orang-orang menuangkan cologne ke wajahnya di antara desahan. Kata pertamanya adalah Rahime. Ketika ada keheningan, dia mengerti, tetapi tentu saja dia tidak bisa menerimanya. Air mancur matanya telah mengering dan berubah menjadi garnet. Dia bahkan tidak bisa mendekati Rahime. Pria raksasa itu semakin mengecil, kesedihan. Dengan gerakan tiba-tiba, dia mengangkat tangannya ke udara dan berteriak ke dalam kehampaan, "Apa yang telah aku lakukan padamu sehingga pantas mendapatkan ini?"

Menjelang malam, mereka menguburkan orang yang dicintainya. Bersamanya, dia sendiri menjadi debu. Terlepas dari semua desakan, dia bahkan tidak melemparkan sekop tanah ke kuburan. Dia tidak membiarkan dirinya menguburnya dengan tangannya sendiri. Setiap sekop kotoran terasa seperti tamparan di wajah. Dia berpikir, 'Saya telah ditampar begitu banyak.' Semua orang pulang, dia satu-satunya yang tersisa di kuburan. Dia berbicara dengan putrinya selama berjam-jam. Ketika dia sampai di rumah, dia tidak memiliki rambut di kepalanya, dia mencabut semuanya. Wajah dan matanya dipenuhi bekas luka.

Dia sakit parah minggu itu. Ketika dia sering menyatakan keinginan untuk bersatu kembali dengan putrinya, mereka membawanya ke dokter di Elbistan. Dia dirawat di rumah sakit untuk waktu yang lama. Dalam perjalanan keluar dari rumah sakit, dia melihat seorang gadis menangis di tengah Elbistan. Dia ingin berbicara, tetapi mereka tidak saling mengerti. Dia membawanya ke desa tanpa mengatakan apa-apa. Dia menggendong seseorang yang tidak dia kenal di punggungnya selama berjam-jam, mencintai mereka dalam bahasa yang tidak dia mengerti. Ketika mereka tiba di desa, mereka berdua kelelahan. Dia memberi tahu penduduk desa dan keluarganya tentang pengalamannya. Mereka selalu memanggilnya Rahime karena mereka tidak tahu namanya. Mereka menempatkannya di tempat Rahime seolah-olah Rahime tidak pernah mati.

Siapa yang membayar harga untuk begitu banyak dosa? Apakah layak bagi seseorang untuk menderita begitu banyak untuk hidup? Anda tidak tahu, usia Anda tidak tersedia; Ada Bibi Rahime. Dia adalah anak tertua nenek saya. Bibi Rahime cantik dan memiliki sikap mulia. Dia tidak berbicara dengan orang selama bertahun-tahun, tetapi dia melakukan semua yang diperintahkan kepadanya. Semua orang mengira dia tuli dan bisu. Ketika dia berbicara untuk pertama kalinya dalam bertahun-tahun, ada suasana meriah di rumah. Hanya ada satu jawaban mengapa dia tetap diam selama bertahun-tahun. Dia menangis setiap malam dalam bahasa yang tidak dia ketahui. Selama bertahun-tahun, dia telah membakar alfabet. Waktu yang dibutuhkan untuk mempelajari alfabet baru itu panjang dan rahasia. Dan itu misterius. Bertahun-tahun kemudian, saya mengetahui bahwa kakek saya telah menemukan Bibi Rahime saya di Elbistan, yatim piatu. Bibi saya Rahime adalah seorang yatim piatu Armenia. Dia tahu kebenaran ini, bahkan jika dia tidak menunjukkannya, tetapi pada saat saya mengetahuinya, dia sudah meninggalkan tanah itu. Dia belum pernah menikah. Dikatakan bahwa dia memiliki banyak pelamar, tetapi dia selalu menolak pelamarnya. Ketika usia subur berlalu, kedua keinginannya menurun dan dia mundur ke cangkangnya sendiri.

Meskipun dia demam tinggi selama beberapa hari, dia tidak memberi tahu siapa pun. Menceritakan masalahnya kepada teman-teman terdekatnya, dia berkata, "Dosa apa yang bisa saya miliki untuk menjalani kehidupan seperti itu? Untuk apa penebusan ini?"

Dia biasa duduk di bebatuan di atas desa dan melihat kejauhan. Dia menjadikannya kebiasaan sedemikian rupa sehingga orang-orang desa menormalkan rutinitasnya sebagai ritual yang unik baginya. Pada hari seperti itu, dia jatuh lagi saat memanjat bebatuan dan melihat ke kejauhan. Mati. Apakah dia jatuh atau melemparkan dirinya masih menjadi misteri.

Dia adalah orang yang sangat baik. Banyak. Ibu saya biasa berkata, 'Saya tidak bisa melakukan keadilan pada rahim.' Dia adalah seorang wanita bangsawan, serapi sarang lebah. Anehnya, dia menangis selama bertahun-tahun dalam bahasa yang tidak dia ketahui. Sekarang katakan padaku, O Nak; Siapa yang akan membayar semua dosa ini? Bagaimana seseorang bisa menebus kehidupan yang tragis seperti itu?"

Dia menceritakannya sedemikian rupa, seolah-olah dia menggambarkan dirinya sendiri, seolah-olah dia ingin menanamkan perasaan dalam diri saya.

Saya berkata, "Saya berharap semua orang akan dihukum karena dosa-dosa mereka." Dan kemudian, untuk beberapa alasan, saya berkata, "Bangun, ayo pergi."

"Kamu pergi. Saya berjalan perlahan. Semoga jalanmu jelas, Nak!"

Saya berkata, "Ini akan menjadi gelap sebentar lagi, jadi jangan terlambat."

"Apa yang kamu sebut kegelapan, Nak? Lihatlah kegelapan dalam diri pria sejati."

Sepanjang jalan, saya memikirkan Bibi Fadime. Ada dua pertanyaan yang menantang pikiran saya: Apakah Bibi Fadime juga seorang yatim piatu Armenia? Mengapa dia merasa perlu untuk memberi tahu saya ini? Saya memperingatkannya, "Suatu hari saya harus bertanya kepadanya tentang gadis-gadis yatim piatu Armenia ini."

Saya sakit, keadaan sakit saya berlangsung selama beberapa hari. Ketika saya masih kecil, saya sering sakit. Itu adalah waktu itu lagi. Sekali lagi, hari-hari kematian berlangsung selama berminggu-minggu. Saya tahu betapa kerasnya saya mencoba untuk menjadi lebih baik. Setelah setiap penyakit, saya selalu pulih dengan beberapa kerusakan.

Saat itu bulan Maret. Itu tanggal 13. Saat itu hari Jumat. Suatu sore, Bibi Fadime melemparkan dirinya dari tebing di atas desa. Bagaimana dia sampai di sana? Mengapa dia melakukan itu? Mengapa dia putus asa untuk menderita nasib yang sama dengan Bibi Rahime-nya? Tidak ada yang bisa memahaminya. Saat tubuh dimandikan, saya memikirkan bibinya, Rahime. Apakah dia juga meratapi selama bertahun-tahun dalam bahasa yang tidak dia ketahui? Mungkin pemakamannya seharusnya dipindahkan dari gereja sehingga jiwanya dapat beristirahat dengan damai.

Mungkin...

Mungkin...

Siapa yang tahu kebenaran dan penebusan...

Keesokan harinya saya pergi ke kuburannya. Saya mengumpulkan bunga liar dan meletakkannya di kuburannya dengan hormat. Saya meminta maaf atas kehidupan yang telah dia alami. Siapa tahu, mungkin dia pernah mendengar tentang saya. Sewaktu saya meninggalkan kuburan, tulisan berikut yang ditulis dengan kapur menarik perhatian saya: "Kematian tidak berguna bagi siapa pun!"

Apakah orang tak dikenal yang menulis moto ini juga seorang yatim piatu Armenia?

Cinta Dongeng di Çukurova

B

Kakek saya adalah pria yang pemarah dan canggung. Nenek saya sangat mencintai Ali-nya. Murung kakek saya tidak pernah berakhir. Itu belum berakhir, tetapi seiring waktu, nenek saya menerima begitu saja kemurungannya. Mereka menikah dengan tenang dan memiliki enam anak.

Yang tertua adalah Sabri dan yang kedua adalah Sabriye, dan nenek saya menganggap takdirnya untuk bersabar setelah kelahiran Halil. Ada suatu hari ketika omelan dan siksaan suaminya menjadi tidak beroperasi; Hatinya jelas mengeras saat dihancurkan. Hatinya yang keras melunak hanya saat memikirkan Ali-nya.

Dia sepuluh tahun lebih muda dari Ali. Suatu pagi, di tengah embun beku, mereka pergi ke kota, ke kantor pendaftaran. Dia diperintahkan untuk duduk di kursi di ambang pintu. Saat dia duduk, semuanya beres, tanpa sepengetahuannya.

Dia telah melihat musim dingin di mana dia terkubur sampai pinggangnya dalam salju, tetapi dia tidak pernah sedingin hari itu. Meskipun dia tidak memahami rasa dingin ini dengan caranya sendiri, nampan teh dipegang padanya untuk pertama kalinya. Untuk pertama kalinya dalam hidupnya, dia minum teh dari tangan seseorang! Sebelum dia bisa menyesap kedua, dia menikah di kamar sebelah tanpa pertanyaan.

Keesokan harinya, pengantin wanita yang menunggang kuda pergi ke desa barunya. Melewati bukit tinggi... Pada pagi hari malam pernikahannya, kakek saya pergi ke ladang bersama saudara laki-lakinya.

Gadis-gadis muda di desa berkerumun ke dalam rumah dan bertanya kepada nenek saya dengan rasa ingin tahu: "Gadis Fadime, siapa laki-lakimu?"

Tangannya yang berpacar sedikit membelah tirai jahitan silang. Menunjuk ke yang lebih tinggi dari dua pegulat yang membajak lapangan di depan rumah, dia berkata, "Mungkin itu akan menjadi berambut cokelat. Itu gelap gulita, saya tidak bisa keluar."

Gadis-gadis itu menggelegak di rumah mereka. Pada hari itu, nenek saya memasukkan sapu tangan Ali, yang dia simpan di dadanya, ke dalam peti mas kawin. Sekarang cintanya telah menjadi air mata di mata dada ; terlebih lagi, itu telah berubah menjadi cinta yang akan bertahan selama bertahun-tahun. Hari demi hari, dia menjadi lebih sadar akan kerinduannya.

Ali adalah seorang kopral artileri di ketentaraan. Dia biasa memasukkan peluru ke dalam laras seperti kelereng. Namun, tubuhnya telah menderita luka yang tidak terlihat. Seiring bertambahnya usia, luka-lukanya menjadi lebih ganas. Singkatnya, lirik dan instrumennya adalah milik nenek saya. Dia juga tidak mengkhianati cintanya. Dia tidak pernah mencoba memadamkan api di hatinya.

Dia tidak akan menyakiti siapa pun. Nenek saya, di sisi lain, merawat suaminya yang setengah terbaring di tempat tidur seperti bunga, dengan satu tangan di buaian dan satu mata di ambang pintu. Tidak ada yang akan melihat air mata yang dia tumpahkan untuk nasibnya.

Dia akan mengikat bayi bungsunya di punggungnya dengan lengan Anda, dan dia akan pergi ke kebun anggur dan kebun.

Suatu hari, dia pergi ke ladang di pagi hari. Seorang wanita bergegas menghampirinya melalui tanaman. Dia adalah wanita yang belum pernah dia lihat sejak pernikahannya. "Fadime, lari, Ali sekarat, adikku! Jika dia tidak bisa mendapatkan halal, dia akan pergi dengan mata terbuka. Dengan semua akun, dia akan menghitungmu," katanya terengah-engah.

Nenek saya tidak bisa bernapas pada saat itu! Dia pusing dan terhuyung-huyung. Dalam sekejap, semua ikatan antara hati dan pikirannya terputus. Seolah-olah emosi dan pikirannya telah terpisah dari tubuhnya. Dia memikirkan bayi di punggungnya; Dia menarik diri, berkewajiban. Dan kemudian di atas karung kapas yang ditumpuk. Masa mudanya melintas di depan matanya seperti strip film. Ketika dia sadar, dia berkata, "Apa yang kamu lakukan di belakangku seperti serigala, kamu membuatku takut, Boncuk" dan mengabaikan apa yang dikatakan Boncuk. Manik-manik terkejut ... "Saya bilang Ali sekarat ... Setuju. Dia terus berkata, 'Fadime, Fadime,' dan dia terus meneleponmu."

Tanpa merasakan gempa bumi di hatinya, nenek saya berkata, "Semoga Tuhan menyembuhkanmu! Apakah saya seorang dokter, Boncuk? Jangan mendekatiku. Sudah bertahun-tahun dan itu adalah luka di hati saya yang telah menutup. Pendarahan dari luka berkeropeng ini tidak akan membantu siapa pun setelah jam ini."

Boncuk, yang mengenal nenek saya dengan baik, tidak menyerah dan berkata, "Bukankah aku namamu, Fadime, mengapa kamu mengatakan demikian sekarang?" dengan terkejut dan sedih.

"Baiklah, kalau begitu aku akan melihatmu di akhirat! Silakan," katanya, mengubur rasa sakitnya di dalam hatinya. Tetap saja, keropeng luka di hatinya tetap ada. Api hati yang telah dia coba padamkan selama bertahun-tahun tiba-tiba terbakar. Ternyata dia tidak pernah melupakan Ali-nya, yang dia pikir telah dia lupakan.

Manik-manik itu hilang, dan nenek saya memiliki belati buta yang menusuk ke dalam hatinya. Seiring berjalannya waktu, dia menjadi gelisah. Dia sangat kesakitan sehingga dia merasa kedinginan di panasnya Çukurova.

"Gadis Sabriye, Sabriye" bergema di telinga putrinya yang masih remaja. Dia membungkus bocah itu di punggung Sabriye. "Pulanglah, saya punya pekerjaan yang harus dilakukan, sedikit di dekat penggilingan. Aku akan datang sebelum matahari setengah jalan melalui Sulemish," katanya dengan tenang, tetapi memukuli dirinya sendiri.

Fadime yang disegarkan. Dia melompati pagar, sungai memantul dari bukit, dan dia datang ke desa tetangga, Ali.

Dia membungkuk di ujung kasurnya. Pada saat itu, mereka yang melihat Fadime di sana buta dan mereka yang mendengarnya tuli. Seolah-olah dia sendirian dengan Ali-nya.

"Apakah kamu datang, Fadime?" kata Ali.

"Aku di sini, sudah berakhir," katanya dengan beban bertahun-tahun yang tak tertahankan, tanpa keringat dan air mata bercampur. Dia menuangkan keringatnya ke bibirnya dan air matanya ke dalam hatinya.

"Itu tidak hilang, Fadime, itu tidak pernah terjadi. Ketika dia tidak melihatmu, dia tidak mati. Aku sangat mencintaimu, memberkatimu. Semoga hakku ada padamu."

"Diam, jangan bilang begitu; Semoga sukses! Tapi jangan biarkan masa lalu menggoda Anda. Aku harus pergi sekarang, jadi kamu akan segera baik-baik saja."

Air mata mengalir di mata Ali. Di seluruh bulu matanya membentang di wajahnya. Nenek saya tidak menoleh ke belakang.

Ali terdiam di tempat. Hatinya berhenti dengan kepergian wanita yang telah dia rindukan selama bertahun-tahun.

Ketika dia mendengar kematian Ali-nya, dia terdiam selama dua hari. Pada masa itu, orang selalu mengenakan pakaian hitam. Jelas dalam segala hal bahwa dia berada dalam rasa sakit yang tak terlukiskan.

Hari demi hari, itu mencair seperti salju yang mencair sebelum waktunya. Tidak ada yang bisa memahami keruntuhannya yang cepat. Suatu malam dia memanggil saya ke sisinya. Bagaimana saya bisa tahu itu adalah hari terakhirnya. Dia menangis saat dia menceritakan tentang Ali-nya...

"Yah, kamu tidak pernah mencintai kakekku?" tanyaku, bibirku gemetar. Wanita manik-manik datang kepada kami baru-baru ini. Dia banyak memberitahuku...

"Kakekmu adalah pacaranku, ayah dari anak-anakku. Tentu saja, saya tidak gagal dalam rasa hormat dan kesetiaan. Saya tidak akan menyangkalnya; Saya sangat mencintai Ali saya! Saya menyukainya, tapi itu takdir, ayah saya tidak memberikan saya kepadanya. Aku juga tidak bisa menerima kata-kata ayahku untuk itu. Mereka menikahkan saya dengan kakek Anda. Berita itu menyebar dengan cepat. Mereka berkata, 'Ali menjadi gila,' dan gunung itu berteriak. Kemudian dia terdiam dan hatinya terkusam.

Aku telah mengubur dosa di leherku, dan aku telah mengubur suara Aliku di bagian terdalam hatiku. Saya menguburnya, tetapi Anda harus tahu ini: *Cinta terkadang meninggalkan apa yang Anda cintai, bukan untuk membayangi.*

Juga, aku tidak ingin Ali-ku pergi dengan mata terbuka ..."

Keesokan paginya, ketika rumah tangga duduk untuk sarapan, nenek saya tidak datang ke meja. Sesuatu yang tidak akan terjadi, pikir Safiye. Dia bergegas ke kamarnya dan berteriak.

Nenek saya diam-diam meninggal ...

Latife & Saya

H

berbulan-bulan telah berlalu; Saya tinggal di rumah dua lantai yang lucu di Reşatbey. Dengan total empat apartemen, itu adalah salah satu rumah terakhir dengan taman di Adana di jantung kota.

Jika bukan karena keras kepala Bibi Latife, yang tinggal di lantai dasar, anak-anaknya yang malang pasti sudah menarik rumah ini. Ketika dia baru berusia delapan belas tahun, dia menikah dengan Halil Efendi, arzuhalci yang dia cintai. Pada awalnya, keluarga keberatan: "Dua telanjang layak untuk pemandian!" Ketika orang-orang Karasevda jatuh sakit, mereka menyetujuinya. Ketika mereka bertemu, mawar mekar di pipi orang-orang muda. Kemudian, "Saya memiliki keinginan," kata Ms. Latife kepada kekasihnya. "Mari kita punya rumah, biarkan anak-anak kita berlarian di taman."

Halil Efendi meminjam uang dan membeli sebidang tanah kecil. Sejak hari itu, setiap petisi dibata ke rumah ini. Bahu-membahu, mereka pertama kali membangun rumah satu lantai. Halil Efendi meninggal sebelum dia bisa menyelesaikan lantai dua rumah. Dua puluh lima, menjanda dengan dua anaknya yang masih kecil. Tetapi kepada orang yang belum sujud; Dia mendidik anak-anaknya dengan uang yang dia peroleh dari menjahit. Tidak terpengaruh; Dia berkata, "Cucu-cucu saya akan hidup di masa depan" dan membangun lantai dua rumah dengan tangannya sendiri.

Bibi Latife tidak mau mencium tangannya. Suatu hari, saya tidak bisa menahan diri, "Saya tersinggung, tetapi Bibi Latife; Mengapa kamu tidak mencium tanganmu?" Pipi katunnya memerah: "Tanganku seperti sandal, anakku yang cantik; Itu menyakitkan wajahmu nanti," katanya. Hatiku hancur! Singkatnya; dia tidak pernah mengeluh, Bibi Latife.

Sampai hari yang menentukan itu...

Dalam perjalanan pulang, dia dengan lembut membuka pintu, jelas memperhatikan jalanku. "Saya punya kopi berbusa, dan ada yang ingin saya katakan ..." Ketika dia mengatakan itu, saya masuk ke dalam.

Dia mengeluarkan teko kopi tembaga bordirnya, yang tampak seperti karya seni di atas keringat berenda. "Kopi harus rendah gula, harus ditambahkan dalam kubus. Tentu saja, teko kopi juga penting... Teko kopi ini adalah pusaka dari mendiang ibu saya" dan menyambut saya di kursi jahitan silang.

Dia berbicara tentang cinta ...

"Seseorang tidak bergeming ketika dia menyentuh tangannya sendiri ... Begitulah seharusnya menyentuh hati cinta. Tapi jangan melihat itu menakutkan; Ini bekerja seperti bordir, sentuhan itu, tidak ada yang mampu mencapainya." Saat dia berbicara, mawar mekar di pipinya, dan mata kuningnya dipenuhi air mata saat dia tersenyum.

"Halil Effendi tidak lagi mengunjungi mimpi saya. Mungkin dia mampir, tapi aku tidak ingat kapan aku bangun. Dia tidak akan melakukannya sama sekali; Tentu saja, ada yang tahu ... Jika saya tidak memiliki kucing di taman, saya tidak akan memiliki pekerjaan lain yang layak untuk dihirup. Rekan-rekan saya sudah lama menjadi debu. Anak-anak sesekali mengajak napas saya. Terkadang pengantin kecil menelepon dan bertanya. Dia juga bermasalah; Ternyata dia dan saudaranya menghindari pajak. Mereka mengambil anak-anak mereka dari tangan orang-orang aneh dan dengan brutal membangun apartemen yang menggores langit. Hatiku sakit, tetapi bukan karena usia tua, tetapi karena nasihatku tidak cukup, atau mereka tampaknya tidak menempatkan aku di tempat seorang pria dan mendengarkan aku. Namun, berkat jiwa mereka; Lidahku tidak mencapai untuk mengutuk. Hati mereka yang mengutuk anak-anak mereka sendiri kering."

Berhenti... Dia tidak berbicara untuk sementara waktu; Dia hanya menatap wajah saya; Saya berlinang air mata. Dia menurunkan alisnya ke tangannya. Melalui jari-jarinya yang tipis, dia menyerahkan amplop yang telah memudar dengan bensin. "Ambil nama ini, tapi pertahankan dengan baik. Ketika Halil Effendi menelepon saya, Anda memberikannya kepada anak-anak saya yang malang. Lagi pula, mereka pasti akan mampir ke sini demi rumah."

Meskipun saya keberatan, dia meletakkan surat itu di tangan saya. Dia kemudian memeluk saya seperti seorang ibu yang memeluk putranya. Untuk pertama kalinya hari itu, dia mencium tangannya yang setengah malu.

Sebelum tiga minggu berlalu, Bibi Latife menjadi tidak sehat. Kami memanggil ambulans. Pada malam hari di hari yang sama, berita kematiannya datang.

Beberapa hari kemudian, putra-putranya berkeliaran di sekitar apartemen seolah-olah mengintai. Saya adalah salah satu dari tiga penyewa. Mereka datang ke pintu dan menyuruh kami mengosongkan rumah sesegera mungkin. Ketika saya mengatakan "OK", saya menyerahkan kepercayaan kepada putra-putra yang malang. Bahkan sebelum mereka bisa menurunkan pandangan mereka, aku membanting pintu ke wajah mereka.

Tidak lama kemudian, saya pindah ke Sucuzade. Saya selalu bertanya-tanya apa yang tertulis dalam surat itu...

Baru-baru ini, saya berkendara ke lingkungan lama saya. Saya tidak bisa mempercayai mata saya ketika saya mendekati apartemen. Bangunan itu direnovasi dan sebuah plakat besar dengan tulisan resmi ditempatkan di pintu masuk pintu. "Kantor Pajak" tertulis di tanda yang tidak menyenangkan. Saya melihat seseorang duduk di atas tab anyaman di bagian bawah bilik keamanan menegakkan tubuh dan mendekati saya. Tuan Hilmi, petugas apartemen kami, yang menyambut saya. Di sini dia mengumumkan kabar baik bahwa dia melanjutkan pelayanannya sebagai pegawai negeri. Kemudian dia berjalan menjauh dari saya, meminta saya untuk menunggu sebentar. Sementara itu, saya melihat sebuah rumah kucing kecil dibangun di halaman samping gedung apartemen. Kucing-kucing Bibi Latife telah melahirkan.

Tuan Hilmi kembali dengan sebungkus kecil di tangannya. "Ini milikmu," katanya. "Dari Ms. Latife... Ketika aku mengevakuasi rumahmu, peti yang mereka suruh aku buang keluar dari mataku. Namamu disulam di bundel itu, aku menyembunyikannya ketika aku melihatnya. Huruf terakhir dari nama belakang Anda tidak diproses, tapi..."

Hatiku bergetar...

Simpul bundel yang aku lepaskan hampir tersangkut di tenggorokanku: teko kopi bordir Bibi Latife di tanganku, mata kuningnya di mataku, aku berjalan pergi...

Saat saya berjalan pergi, saya meneteskan air mata saya di hati saya, sehingga tidak ada seorang pun di jalan yang akan melihatnya. Terlepas dari hujan, saya menyaksikan tarian petir di langit; tanpa musik, megah...

[1] Biarkan aku mati di bawah sinar matahari.

www.ingramcontent.com/pod-product-compliance
Lightning Source LLC
LaVergne TN
LVHW060259051026
849517LV00003B/868
9798227309099